★ 出国旅游、工作、学习、生活应急必备

地道法语 想说就说

主编／宇璐

东南大学出版社
SOUTHEAST UNIVERSITY PRESS
·南京·

内 容 提 要

本书根据在国外旅游、工作、生活的各种场景,设置了若干最可能的对话,汇集了上千句常用的句子,以法语和汉语谐音注音,并配以速度得当的录音,以让零基础的人士一看就懂、一学就会、想说就说,以备不时之需。本书特别适用于法语零基础的人员短期出国旅游、生活、工作等使用。

图书在版编目(CIP)数据

地道法语想说就说 / 宇璐主编. —南京:东南大学出版社,2016.3
 (地道外语口语想说就说系列)
 ISBN 978-7-5641-6402-7

Ⅰ.①地… Ⅱ.①宇… Ⅲ.①法语—口语—自学参考资料 Ⅳ.①H329.9

中国版本图书馆 CIP 数据核字(2016)第 047294 号

地道法语想说就说

主　　编	宇　璐	责任编辑	刘　坚
		特邀编辑	陈贵男
电　　话	(025)83793329/83790577(传真)		
电子邮件	liu-jian@seu.edu.cn		
出版发行	东南大学出版社	出 版 人	江建中
地　　址	南京市四牌楼 2 号(210096)	邮　编	210096
销售电话	(025)83794561/83794174/83794121/83795801		
	83792174/83795802/57711295(传真)		
网　　址	http://www.seupress.com		
电子邮件	press@seupress.com		
经　　销	全国各地新华书店		
印　　刷	南京新洲印刷有限公司		
开　　本	787mm×1092mm　1/32		
印　　张	7.5		
字　　数	167 千字		
版　　次	2016 年 3 月第 1 版第 1 次印刷		
书　　号	ISBN 978-7-5641-6402-7		
定　　价	15.00 元		

* 未经许可,本书内文字不得以任何方式转载、演绎,违者必究。
* 本社图书若有印装质量问题,请直接与营销部联系。电话:025-83791830。

前 言

《地道法语想说就说》一书特别汇集了出行法国必备的千余应急和日常会话的实用句子,涵盖了出行法国经常遇到的场景。每句话都力求简短、实用,一看就懂、一读就会。另外,还在相应场景的句子后追加了该部分相关的常用词汇,读者只要替换中心词汇,就能将所学句子翻倍增加,达到事半功倍的效果。另外,本书还添设了"固定句型篇",包括"问答模板"与"固定句式"两部分,该部分是帮助学习者迅速掌握实战句子的有效章节。

为了让读者最大限度地利用日常零碎的时间进行学习,以提高法语水平,我们特地在内容编辑、版式设计、声音录制等方面为读者考虑,特别邀请法国资深外教和标准普通话老师为每个句子以及单词进行中法对照朗读配音。您只要戴上耳机,就能轻松掌握应急句子与实用词汇。您可以走路、跑步、搭车、乘船,或站、或坐、或躺、或卧,随时听、随地听、反复听,

轻松无压力!

总之,本书力求简明易懂、应急高效,让从零起点学习的读者的发音更为标准、地道,快速开口说法语!相信本书能对您的出行大有帮助,祝您出行顺利愉快!

本书在编写以及录音过程中得到了王红、Marie Bourgeois(法)的热情帮助,在此深表谢意。

由于编写时间仓促,疏漏在所难免,恳请各位读者多提宝贵意见,以使本书日臻完善。

本书编写过程中,王红、刘佳、卑琳、田秋月就词汇和句子的谐音反复斟酌,力求找到最能还原原语读音的谐音字;阵贵男、赵志清、蔡晓苏、孙玉梅、阵姗姗等负责原语和汉语谐音的录音的后期剪辑,使得本书能够最后成型并方便读者使用,在此深表谢意。

本书的听力音频文件可从 http://pan.baidu.com/s/1qWXPgCG 下载,也可扫描封底的二维码下载。

附加说明:在谐音中,下划线表示连读。

编者

目录

法语字母谐音表 ··· 001

一、都市生活篇 ··· 002

1 在商场 ··· 003
2 在餐馆 ··· 012
3 在邮局 ··· 022
4 在银行 ··· 032
5 在医院 ··· 043
6 在美发店 ··· 056
7 在干洗店 ··· 063

二、旅行必备篇 ··· 071

1 交通出行 ··· 072
(1) 飞机 ··· 072
   订票 ··· 072
   办理登机手续 ··· 073
   行李托运 ··· 075
   安检 ··· 076
   海关 ··· 077
   机上服务 ··· 079

机上用餐	080
下飞机后	082
（2）出租车	085
（3）火车	088
（4）地铁	092
（5）租车	093
2 遇到不便	094
（1）语言不通	094
（2）迷路	095
（3）生急病	096
（4）丢失物品	097
3 宾馆住宿	100

三、市民必会篇　　105

1 寒暄问候	106
（1）日常问候	106
（2）初次见面	106
（3）久别重逢	108
（4）碰到友人	110
2 介绍	113
（1）介绍自己/他人	113
（2）对介绍的回应	113
3 邀请	117
（1）发出邀请	117
（2）对邀请的回应	119

4 拜访 120
(1) 拜访前 120
(2) 拜访中 121
5 分别 125
6 节庆生活祝福语 129

四、日常话题篇 132

1 谈论天气 133
(1) 询问天气情况 133
(2) 天气预报 133
(3) 好天气 134
(4) 坏天气 136
(5) 风雨雪天气 138
2 谈论时间 144
3 谈论日期 149
4 谈论季节、月份 155
(1) 谈论季节 155
(2) 谈论月份 158
5 谈论兴趣、爱好 162
6 谈论家庭 169
7 谈论工作 177

五、固定句型篇 187

1 问答模板 188

2 常用句式 ……… 199

六、附录

1 数字表达 ……… 206
2 颜色表达 ……… 210
3 动物表达 ……… 211
4 植物表达 ……… 214
5 日常饮食表达 ……… 215
6 常见果蔬表达 ……… 217
7 人体组织表达 ……… 219
8 体育运动表达 ……… 222
9 音乐表达 ……… 223
10 交通运输表达 ……… 225
11 日常娱乐表达 ……… 226
12 法国知名化妆品 ……… 228
13 法国四大药妆 ……… 228
14 法国主要节日 ……… 229

法语字母谐音表

大写	小写	谐音	大写	小写	谐音
A	a	啊	N	n	爱呢
B	b	贝	O	o	欧
C	c	斯诶(sèi)	P	p	贝
D	d	德诶(dèi)	Q	q	哥愚(gū)
E	e	鹅	R	r	爱呵
F	f	爱夫	S	s	爱斯
G	g	日诶(rèi)	T	t	德诶(dèi)
H	h	啊什	U	u	愚
I	i	一	V	v	威
J	j	日二	W	w	督不了(le)威
K	k	尬	X	x	异克斯
L	l	爱了	Y	y	一哥害克
M	m	爱么	Z	z	在的

一、都市生活篇

1 在商场

都市生活篇

法文 Bonjour, madame, je peux vous aider?
谐音 嘣入呵，妈大么，热 波 乌 栽德诶
中文 您好，太太，我有什么能帮您的吗？

法文 Oui, cette robe me plaît beaucoup.
谐音 乌一 赛特 浩波 么 扑赖 波欧故
中文 是的，我很喜欢这条裙子。

法文 C'est un nouveau modèle de cette année, vous voulez l'essayer?
谐音 赛 丹 奴乌欧 猫带了 德 塞 搭内, 乌 乌雷 雷塞页
中文 这是今年的一个新款，您要不要试试？

法文 D'accord, mais combien de couleurs y a-t-il?
谐音 搭告呵，麦 工鼻燕 德 姑乐呵 亚 地 了
中文 好的，一共有几种颜色？

法文 Trois : rouge, jaune et violette.
谐音 图哇：户日，肉呢 诶 乌一妖赖特
中文 三种：红色，黄色和紫色。

法文 Je peux tout essayer?
谐音 热 波 度 德诶塞页
中文 我可以都试试吗?

法文 Bien sûr que oui, quelle est votre taille, s'il vous plaît?
谐音 鼻燕 续呵 个 乌一, 该 来 乌奥特呵 大耶, 丝一了 乌 扑赖
中文 当然可以,请问你穿多大号的?

法文 36 ou 38.
谐音 特夯特丝一斯 乌 特夯特玉特
中文 三十六或者三十八号的。

法文 Voilà vos robes.
谐音 乌瓦拉 乌欧 浩波
中文 这是您要的裙子。

法文 Où est la cabine d'essayage ?
谐音 乌 哀 拉 嘎必呢 德诶塞亚日
中文 试衣间在哪里?

法文 Vous allez tout droit, jusqu'au bout, à votre gauche.
谐音 乌 匝雷 度 独哇 瑞斯勾 不, 阿 乌奥特呵 够师
中文 您一直往前走,走到头,左边就是。

法文 Comment vous la trouvez ?

谐音 高芒 乌 拉 特乎位

中文 您觉得它怎么样?

法文 Je n'aime pas le rouge, mais la violette me va bien.

谐音 热 奈么 巴 拉 户日，麦 拉 乌一妖赖特 么 哇 鼻燕

中文 我不太喜欢红色的，但是紫色的挺适合我。

法文 Oui, la robe violette vous va très bien, et c'est une des couleurs à la mode de cet été.

谐音 乌一， 拉 浩波 乌一妖赖特 乌 哇 特咳 鼻燕，诶 塞 的玉呢 德诶 姑乐呵 德 塞 冒的 德 塞德诶德诶

中文 没错，紫色很适合您，而且紫色也是今年夏天的流行色之一。

法文 Mais, elle est un peu grande, vous n'avez pas une taille 36 ?

谐音 麦, 哀 来 丹 波 哥沉的, 乌 那为 巴 资愚呢 大耶 特夯特丝一斯

中文 但是，这件有点儿大，你们没有36号的吗?

法文 Non, c'est la dernière.

谐音 弄，塞 拉 呆呵尼页呵

中文 没有，这是最小号了。

法文 Essayez celles-ci, si vous voulez, ce sont aussi de nouveaux modèles.

谐音 诶塞耶诶 塞了丝一, 丝一 乌 乌累 色 松 兜 丝一 德 努乌欧 猫代了

中文 您试试这些,如果您愿意的话,这些也是新款。

法文 Non, merci, je ne les aime pas. Elles sont un peu strictes.

谐音 弄,麦呵丝一,热 呢 雷 栽么 巴。哀了 松 丹 波 丝特呵一克特

中文 不了,谢谢,我不喜欢。它们有点儿太正统了。

法文 Madame, nos souliers à talons hauts et ces chapeaux sont en solde aujourd'hui.

谐音 妈大么, 呢欧 苏离页 阿 搭隆 欧 诶 丝诶 沙 波欧 松 当 搔了的 欧入呵的鱼异

中文 太太,我们这里的高跟鞋和这些帽子今天特价。

法文 Quelle est votre pointure de chaussures?

谐音 该 来 乌奥特呵 不万的玉呵 德 收续呵

中文 您穿多大号的鞋子?

法文 Désolé madame, il n'y a plus votre pointure.

谐音 德诶遭累,妈大么,衣了 尼 亚 普绿 乌奥特呵 不万的玉呵

中文 对不起,太太,没有您的号了。

法文 Vous aimez peut-être ces pantalons, madame.
谐音 乌 栽没 波代特呵 丝诶 邦大隆，妈大么
中文 您可能会喜欢这些裤子，太太。

法文 Ce genre de jeans est vraiment très à la mode.
谐音 色 让呵 德 金呢 艾 乌咳芒 特咳 匝 拉 冒的
中文 这个款的牛仔裤真的十分时髦。

法文 Ah, non, c'est trop serré/court/long.
谐音 阿，弄，塞 特后 塞嘿/故呵/隆
中文 啊，不行，这个太紧/短/长了。

法文 Et ces foulards, ce sont tous des modèles uniques.
谐音 诶 丝诶 夫拉呵，色 松 度斯 德诶 猫代了 局尼克
中文 这些方巾，都是每款一件的。

法文 J'adore ce foulard bleu en soie! Il va très bien avec ma robe.
谐音 日阿到呵 色 夫拉呵 不乐 昂 苏哇！衣了 哇 特害 鼻燕 阿外克 妈 浩波
中文 我很喜欢这条蓝色的丝方巾！它和我的裙子很配。

法文 Vous avez raison, madame, c'est vraiment très joli!
谐音 乌 匝为 嗨纵，妈大么，塞 乌咳芒 特咳 绕丽
中文 您说的没错，太太，真的很漂亮！

都市生活篇

法文 Cette robe et ce foulard, ça fait combien ensemble?

谐音 塞特 浩波 诶 色 夫拉呵，撒 夫哎 工鼻燕 昂桑不了

中文 这件裙子和这条方巾，一共多少钱?

法文 255 euros environ.

谐音 的桑三刚特散克 呃后 昂乌一哄

中文 一共二百五十五欧元。

法文 Oh, c'est un peu trop cher! Pouvez-vous me faire une réduction?

谐音 哦 塞 丹 波 特后 师艾呵！不围-乌 么 夫艾呵 与呢 黑的玉克熊

中文 噢，有一点儿贵啊！您能给我打打折吗?

法文 D'accord, je peux vous faire une remise de 20%.

谐音 搭告呵，热 波 乌 夫艾呵 与呢 呵密资 德 万不呵桑

中文 好的，我可以给您打个八折。

法文 Mais, ce prix tient compte de la remise.

谐音 麦，色 扑合一 及燕 供特 德 拉 呵密资

中文 可是，这个价钱已经是折后价了。

法文 Comment payez-vous? En espèces ou avec la carte bancaire?

谐音 高芒 掰耶 乌？昂 奈斯拜斯 乌 阿外克 拉 嘎呵特 邦盖呵

中文 您怎么付款？付现金还是刷银行卡？

法文 Je peux payer par carte bancaire?

谐音 热 波掰耶 巴呵 嘎呵特 邦盖呵

中文 我可以用银行卡支付吗？

法文 Oui, je vais vous faire une facture.

谐音 乌一，热 维 乌 夫艾呵 与呢 发克的玉呵

中文 可以，我给您开个发票。

法文 Attention s'il vous plaît, les articles en solde ne peuvent pas être ni rendus ni échangés.

谐音 阿当熊 丝一了 乌 扑赖，雷 匝呵地克了 脏 搔了的 呢 波乌 巴 在特呵 尼 夯的玉 尼 诶商日诶

中文 请您注意，特价商品是不退不换的。

相关词汇

法文	vêtement(n.m.)	costume(n.m.)
谐音	歪特芒	高丝的玉么
中文	服装	男士西服

法文	tailleur(n.m.)	sous-vêtement(n.m.)
谐音	搭月呵	苏-歪特芒
中文	女士套装	内衣

法文	soutien-gorge(n.m.)	slip(n.m.)
谐音	苏及燕-告呵日	丝立泼
中文	文胸	短裤

法文	pyjama(n.m.)	veste(n.f)
谐音	碧日阿骂	外斯特
中文	睡衣	上衣

法文	manteau(n.m.)	jupe(n.f)
谐音	芒豆	日玉泼
中文	大衣	裙子（短）

法文	robe(n.f)	chemise(n.f)
谐音	浩波	佘密子
中文	连衣裙	男士衬衫

法文	chemisier(n.m.)	maillot(n.m.)
谐音	佘密及页	妈又
中文	女士衬衫	套头衫

法文	pantalon(n.m.)	robe chinoise(n.f)
谐音	邦搭隆	号波 师一奴哇资
中文	裤子	旗袍

法文	imperméable(n.m.)	gants(n.m.)
谐音	安拜呵没阿不了	杠
中文	雨衣	手套

法文	socquettes(n.f)	bas(n.m.)
谐音	搔盖特	罢
中文	短袜	长筒袜

法文	foulard(n.m.)	ceinture(n.f)
谐音	夫拉呵	三的玉呵
中文	方巾	腰带

法文	chaussures(n.f.pl)	sandales(n.f.pl)
谐音	收续呵	桑大了
中文	鞋	凉鞋

法文	pantoufles(n.f.pl)	souliers à talons hauts(n.m.pl.)
谐音	邦度夫了	苏离页 阿 搭隆 欧
中文	拖鞋	高跟鞋

法文	basket(n.f)	lunettes(n.f)
谐音	巴斯盖特	绿奈特
中文	运动鞋	眼镜

2 在餐馆

法文 Bonsoir, messieurs.
谐音 嘣苏瓦呵，没穴
中文 晚上好，先生们。

法文 S'il vous plaît, vous avez réservé la table?
谐音 丝一了 乌 扑赖，乌 匝维 黑栽呵为 拉 大不了
中文 请问您有预订吗?

法文 Oui, j'ai réservé une table pour deux personnes.
谐音 乌一，日诶 黑栽呵为 与呢 大不了 不呵 德 掰呵臊呢
中文 是的，我订了一张两个人的桌。

法文 A quel nom, s'il vous plaît?
谐音 阿 盖了 弄，丝一了 乌 扑赖
中文 请问，是用哪位的名字订的。

法文 Jean Dupont.
谐音 让 的愚嘣
中文 让·杜邦。

法文 Voilà, la table 6, près de la fenêtre.

谐音 乌哇拉，拉 大不了 丝一斯，扑咳 德 拉 佛奈特呵

中文 那边，是六号桌，在窗子旁边。

法文 Quels sont vos spécialités, pouvez-vous nous les présenter un peu?

谐音 盖了 松 乌欧 斯贝丝一亚里德诶，不维 乌 努 雷 普黑脏德诶 安 波

中文 你们这里有什么特色菜，可以给我们介绍一下吗？

法文 Nos fruits de mer et notre bifteck sont très connus dans cette ville.

谐音 呢欧 夫合玉 德 麦呵 诶 闹特呵 逼夫代克 松 特咳 高女 当 塞特 乌一了

中文 我们店的海鲜和牛排在这个城市里很有名。

法文 Ah non je suis allergique aux fruits de mer.

谐音 阿 弄 热 随 匝来呵日一克 欧 夫合玉 德 麦呵

中文 啊，不行，我对海鲜过敏。

法文 Quel est le plat du jour?

谐音 该 来 勒 扑辣 的愚 入呵

中文 今日特价菜是什么？

法文 Poulet au riz.

谐音 不赖 欧 合异

中文 是鸡肉饭。

法文 Bon, un plat du jour pour moi.
谐音 嘣，安 扑辣的愚 入呵 不呵 母瓦
中文 好吧，我就要一份今日特价菜吧。

法文 Nous avons aussi des menus à prix fixes.
谐音 努 匝翁 欧丝一 德诶 么女 阿 扑合异 夫异克斯
中文 我们还有各种套餐。

法文 Vous voulez manger au menu ou à la carte?
谐音 乌 乌雷 芒日诶 欧 么女 乌 阿 拉 嘎呵特
中文 您是点套餐还是单点？

法文 Moi, je veux un bifteck.
谐音 母瓦，热 沃 簪 必夫戴克
中文 我，我要一份牛排吧。

法文 Vous voulez un bifteck bien cuit, à point ou saignant?
谐音 乌 乌雷 安 必夫戴克 鼻燕 哥玉，阿 不万 乌 塞酿
中文 您要熟透的，正好的还是带血的？

法文 A point, s'il vous plaît.
谐音 阿 不万，丝一了 乌 扑赖
中文 请给我来一份正好的。

法文 Je veux un bifteck bleu.
谐音 热 沃 安 必夫戴克 不乐
中文 我要一份极生的牛排。

法文 Avec du riz ou du pain ?
谐音 阿外克 的愚 合异 乌 的愚 半
中文 加米饭还是面包?

法文 Un bol de riz.
谐音 安 报了 德 合异
中文 一碗米饭。

法文 Vous voulez de la soupe?
谐音 乌 乌雷 德 拉 速泼
中文 您要汤吗?

法文 Donc, nous voulons une soupe aux champignons.
谐音 洞克,努 乌隆 玉呢 速泼 欧 上批涅用
中文 要一份蘑菇汤。

法文 Que voulez-vous comme boisson?
谐音 歌 乌雷-乌 告么 不洼送
中文 请问来点儿什么酒水?

法文 Deux bouteilles de vin rouge/vin blanc/bière/brandy.

谐音 的 不戴耶 德 万 户日/万 不浪/ 鼻页呵/不夯地

中文 两瓶红葡萄酒/白葡萄酒/啤酒/白兰地。

法文 Quel dessert voulez-vous?

谐音 盖了 德诶赛呵 乌雷-乌

中文 要什么甜点？

法文 Nous voulons deux cafés et deux mousses au chocolat.

谐音 努 乌隆 的 嘎费 诶 的 木斯 欧 烧高拉

中文 要两杯咖啡和两块儿巧克力慕司。

法文 Vous avez des exigences particulières?

谐音 乌 匝为 德诶 栽哥及让斯 巴呵滴哥愚立页呵

中文 请问有什么特殊的要求吗？

法文 Dis donc, je suis en train d'essayer de perdre des kilos, alors je préfère quelque chose de léger.

谐音 滴洞, 热随脏 特汗 德诶塞页 德 拜呵的呵 德诶 哥一漏, 阿涝呵 热 扑黑夫艾呵 该了个 受子 德 累日诶

中文 那个，我正在减肥，我想要点儿清淡的东西。

法文 Moins de sucre/piment/sel/poivre, s'il vous plaît.

谐音 木万 德 续克呵/逼芒/赛了/不哇乌呵，丝一了 乌 扑赖

中文 请少放点儿糖/辣椒/盐/胡椒粉。

法文 Servez vite, s'il vous plaît, nous sommes un peu pressés.

谐音 塞呵为 乌一特，丝一了 乌 扑赖，努 搔么 赞 波 扑害丝诶

中文 请快一点上菜，我们有些着急。

法文 J'ai très faim. Bon appétit!

谐音 日诶 特害 饭。嘣 那杯地!

中文 我真的饿了。祝你好胃口！

法文 Cul-sec!/ Tchin-tchin!

谐音 哥愚-赛克！/亲-亲！

中文 干杯！

法文 A votre santé /notre amitié!

谐音 阿 乌奥特呵 桑德诶/闹特呵 阿咪及页！

中文 为了您的健康/我们的友谊干杯！

法文 Je suis rassasié.

谐音 热 随 哈萨及页

中文 我吃饱了。

都市生活篇

法文 J'ai aussi fini.
谐音 日诶 欧丝一 夫一逆
中文 我也吃完了。

法文 Garçon, l'addition, s'il vous plaît!
谐音 嘎呵送，拉迪熊，丝一了 乌 扑赖
中文 服务员，买单！

法文 Nous avons commandé deux bouteilles de vin, mais nous n'en avons bu qu'une. Pouvons-nous en retourner une?
谐音 努 匝翁 高芒德诶 的 不戴耶 德 万，麦 努 曩 那翁 波玉 哥玉呢。不翁-努 昂 喝度呵内 玉呢
中文 我们要了两瓶酒，可是只喝了一瓶。可以退一瓶吗?

法文 Pas de prblème, si vous ne l'avez pas ouverte.
谐音 巴 德 抛不莱亩，丝一 乌 呢 拉为 巴 乌外呵特
中文 没问题，只要您没有打开。

法文 Je fais les additions séparément?
谐音 热 夫艾 雷 匝低熊 丝诶巴黑芒
中文 我给您分开算吗?

法文 Oui, nous partageons.
谐音 乌一，努巴呵搭容
中文 好的，我们AA制。

法文 Non, je t'invite à dîner.

谐音 弄，热 丹乌一特 阿 滴内

中文 不用，我请你吃晚饭。

法文 Cent quinze euros, monsieur.

谐音 桑 甘 则后， 么穴

中文 先生，一共是115欧元。

法文 Voilà cent vingt euros, gardez la monnaie comme pourboire.

谐音 乌哇拉 桑 万 的后，嘎呵德诶 拉 猫奈 告么 不呵不哇呵

中文 这是120欧元，零钱不用找了，算是小费。

相关词汇

饮品

法文	boisson(n. f.)	apéritif(n. m.)
谐音	不哇送	阿贝呵一地夫
中文	饮料	开胃酒

法文	eau(n. f.)	eau minérale(n. f.)
谐音	欧	欧 咪内哈了
中文	水	矿泉水

法文	eau gazeuse(n. f.)	eau plate(n. f.)
谐音	欧 嘎仄资	欧 扑辣特
中文	带气的水	白水

都市生活篇

法文	jus(n.m.)	coca cola(n.m.)
谐音	日玉	高嘎 高拉
中文	果汁	可口可乐

法文	thé(n.m.)	café(n.m.)
谐音	德诶	嘎费
中文	茶	咖啡

法文	vin(n.m.)	vin rouge(n.m.)
谐音	万	万 户日
中文	酒,葡萄酒	红葡萄酒

法文	vin blanc(n.m.)	eau de vie(n.f.)
谐音	万 不浪	欧 德 乌一
中文	白葡萄酒	烧酒

法文	bière(n.f.)	cidre(n.m.)
谐音	鼻页呵	丝一的呵
中文	啤酒	苹果酒

调味品

法文	assaisonnement(n.m.)	huile(n.f.)
谐音	阿塞遭呢芒	玉了
中文	调料,调味品	油

法文	sel(n.m.)	sucre(n.m.)
谐音	赛了	续克呵
中文	盐	糖

法文	poivre(n.m.)	poivre chinois(n.m.)
谐音	不哇乌呵	不哇乌呵 师一奴哇
中文	胡椒	花椒

法文	graine de badiane(n.m.)	ail(n.m.)
谐音	个害呢 德 巴迪亚呢	阿耶
中文	大料	大蒜

法文	ciboule(n.f.)	gingembre(n.m.)
谐音	丝一不了	日安让不呵
中文	大葱	姜

法文	vinaigre(n.m.)	sauce de soja(n.f.)
谐音	乌一奈哥呵	搜斯 德 搔日阿
中文	醋	酱油

法文	cari(n.m.)	piment(n.m.)
谐音	嘎呵一	逼芒
中文	咖喱	辣椒

都市生活篇

3 在邮局

法文 Bonjour, monsieur! Que puis-je faire pour vous?
谐音 嘣入呵，么穴！哥 波玉-日 夫艾呵 不呵 乌
中文 您好，先生，请问我可以帮您做些什么吗？

法文 Bonjour, je veux acheter quelques timbres.
谐音 嘣入呵，热 沃 匝师德诶 该了哥 旦波呵
中文 您好，我想买些邮票。

法文 J'aimerais acheter quelques timbres commémoratifs/insignes commémoratifs/enveloppes commémoratives pour les Jeux Olympiques de 2008 à Pékin.
谐音 日艾么咳 匝师德诶 该了个 旦波呵 高没猫哈地夫/安丝一涅 高没猫哈地夫/昂歪涝泼 高没猫哈地沃 不呵 累 热 奥兰匹克 都 德 咪了玉特 阿 杯干。
中文 我想买些2008年北京奥运会的纪念邮票/纪念章/纪念信封。

法文 Avez-vous des cartes postales avec des paysages de France?
谐音 阿维-乌 德诶 嘎呵特 包斯大了 阿外克 德诶 贝一匝日 德 夫夯斯
中文 请问有印有法国风光的邮政明信片吗？

法文 Oui, nous en avons beaucoup de ce genre.
谐音 乌一，努 脏 那翁波欧故 德 色 让呵
中文 是的，这种类型的有很多。

法文 Où puis-je m'abonner à un journal/une revue?
谐音 乌 波玉-日 妈包内 阿 安 入呵那了/玉呢 呵乌玉
中文 请问在哪里订阅报纸/杂志？

法文 Allez au guichet No.5 pour l'abonnement aux journaux et aux revues, s'il vous plaît.
谐音 阿雷 欧 哥一晒 女没后 散克 不呵 拉邦刀呢芒 欧 入呵呢欧 诶 欧 呵乌玉，丝一了 乌 扑赖
中文 请您到5号窗口订阅报纸和杂志。

法文 J'ai envie d'envoyer ces lettres.
谐音 日诶 昂乌一 当乌注页 丝诶 赖特呵
中文 我想邮寄这些信。

法文 Où allez-vous les envoyer?
谐音 乌 阿雷-乌 雷 脏乌注页
中文 请问邮到哪里？

法文 Deux lettres à Marseille, et une lettre à Pékin.
谐音 德 赖特呵 阿 妈呵赛耶， 诶 玉呢 赖特呵 阿 杯干
中文 两封到马赛，一封到北京。

法文 En ordinaire ou en exprès?
谐音 昂 孬呵滴奈呵 乌 昂 奈克斯扑害斯
中文 您是邮平信还是航空特快?

法文 Ça fait combien de temps pour envoyer une lettre à Pékin?
谐音 萨 夫艾 工鼻燕 德 荡 不呵 昂乌哇页 玉呢 赖特呵 阿 杯干
中文 邮寄一封信到北京需要多长时间?

法文 Ça fait plus de dix jours en ordinaire et trois ou quatre jours en exprès.
谐音 萨 夫艾 普绿 德 滴 入呵 昂 孬呵滴那戴呵 诶 图哇 乌 嘎特呵 入呵 昂 奈克斯扑害
中文 平信要十多天,特快三四天左右可以到。

法文 Alors, les deux lettres à Marseille en recommandé, et celle-ci à Pékin en exprès.
谐音 阿涝呵,累 的 赖特呵 阿 妈呵赛耶 昂 喝高芒德诶,诶 赛了-系 阿 杯干 昂 奈克斯扑害
中文 那么我两封到马赛的邮挂号信,到北京的邮航空特快。

法文 Ça fait combien?
谐音 萨 夫艾 工鼻燕
中文 邮费是多少?

法文 Je vais les peser pour vous.
谐音 热 为 雷 波贼 不呵 乌
中文 我给您称一下。

法文 Votre lettre à Pékin est trop lourde. Vous devez payer un supplément de deux euros.
谐音 乌奥特呵 赖特呵 阿 杯干 艾 特后 路呵的
中文 到北京的信超重了,您需要付2欧元的超重费。

法文 En tout, ça fait vingt euros.
谐音 昂 度, 萨 夫艾 万 德后
中文 一共是18欧元。

法文 Voilà la monnaie et le reçu.
谐音 乌哇拉 拉 猫奈 诶 勒 呵续
中文 这是找您的零钱和收据。

法文 Je veux encore envoyer un colis en Chine.
谐音 热 沃 脏告呵 昂乌哇页 安 高立 昂 师一呢
中文 我还想邮寄一个包裹到中国。

法文 Par bateau ou par avion?
谐音 巴呵 巴豆 乌 巴呵 阿乌一用
中文 是海运还是空运?

法文 Par avion, et avec une valeur déclarée de trois cents euros.

谐音 巴呵 阿乌一用，诶 阿外克 愚呢 哇乐呵 德诶克拉黑 德 图哇 桑 则后

中文 空运，还要保价三百欧元。

法文 Qu'est-ce qu'il y a dedans?

谐音 该-斯 哥一 立 亚 德荡

中文 请问里面是什么东西？

法文 Quelques vêtements/un vase/des gâteaux.

谐音 盖了个 歪特芒/昂 哇子/德诶 嘎豆

中文 是一些衣服/一个花瓶/一些蛋糕。

法文 Désolé, il n'est pas permis d'envoyer des denrées périssables

谐音 德诶遭累，衣了 奶 巴 掰呵密 当乌哇页 德诶 当黑 贝呵一萨波了

中文 对不起，易腐蚀的食品是不可以邮寄的。

法文 Vous marquez ici "fragile", s'il vous plaît.

谐音 乌 妈呵哥诶 一丝一 "夫哈日一了"，丝一了 乌 扑赖

中文 请您在这里注明"易碎"字样。

法文 Remplissez le formulaire, écrivez précisément le nom, le code postal, l'adresse, et le numéro de téléphone de l'expéditeur et du destinataire s'il vous plaît.

谐音 夯扑立 丝诶 勒 夫凹呵么玉赖呵，诶克呵一为扑黑丝一贼芒 勒 弄，勒 高的 包斯大了，拉的害斯，诶 勒 女没后 德 德诶雷夫奥呢 德 来克斯贝迪呵的呵 诶 的愚 呆斯地那戴呵，丝一了乌 扑赖

中文 请您填好这个单子，写清寄件人和收件人的姓名、邮编、地址和电话。

法文 Et puis, collez-le sur votre colis s'il vous plaît.

谐音 诶 扑玉 高累-勒 续呵 乌奥特呵 高立，丝一了乌 扑赖

中文 然后，请把它贴在您的包裹上。

法文 Attention, ici, vous n'avez pas rempli : en cas de non-remise, prière de faire retour à…

谐音 阿当熊，一丝一，乌 那为 巴 夯扑立；昂 嘎德 农-呵密子，扑呵一页呵 德 夫艾呵 喝度呵 阿……

中文 注意，这里，您没有填写：无法投递情况下，请退回以下地址……

法文 Excusez-moi, où puis-je retirer mon colis?

谐音 哀克斯哥愚贼-母瓦，务 扑玉-日 喝低嘿 蒙 高立

中文 您好，请问我在哪里取包裹？

法文 Allez au guichet des colis, s'il vous plaît.

谐音 阿雷 欧 哥一晒 德 高立,丝一了 乌 扑赖

中文 请您去包裹处办理。

法文 Montrez-moi votre reçu de colis et votre pièce d'identité.

谐音 蒙特黑-母瓦 乌奥特呵 喝续 德 高立 诶 乌奥特呵 皮页斯 滴当滴德诶

中文 请把您的包裹单和身份证件给我看看。

法文 Puis-je prendre mes lettres moi-même à la poste?

谐音 扑玉-日 扑沉的呵 没 赖特呵 母瓦-麦么 阿 拉 报斯特

中文 我可以自己来邮局取信吗?

法文 Oui, nous avons le service de poste restante.

谐音 乌一,努 匝翁 勒 塞呵乌一斯 德 报斯特 害斯荡特

中文 可以,我们有留局自取服务。

法文 Je voudrais faire un mandat de 2,500 euros.

谐音 热 乌的害 夫艾呵 安 芒大 德 的密了散克桑呃后

中文 我想汇两千五百欧元。

法文 J'ai reçu une somme par la poste, voilà mon mandat-poste. Je peux le toucher maintenant?

谐音 日诶 呵续 玉呢 臊么 巴呵 拉 报斯特，乌哇拉 蒙 芒大-报斯特。热 波 勒 督师诶 曼特囊

中文 我今天收到一笔邮政汇款，这是我的汇票。我现在可以支取吗？

法文 Pas de problème, vous remplissez d'abord ce formulaire, et puis, vous me montrez votre carte d'identité ou votre passeport.

谐音 巴 德 扑蒿波赖么，乌 夯扑立丝诶 搭报呵 色 夫奥呵么玉赖呵，诶 扑玉，乌 么 蒙特黑 乌奥特呵 卡呵特 滴当滴德诶 务 乌奥特呵 巴斯报呵

中文 没问题，您先填好这个表，然后把您的身份证或者护照给我看一下。

法文 Bonjour, mademoiselle, je peux faire un appel international ici, s'il vous plaît?

谐音 蹦波呵，妈的母瓦在了，热 波 夫艾呵 安 那拜了 安呆呵那肖那了 一丝一，丝一了 乌 扑赖

中文 您好，小姐，请问我可以在这里打国际长途吗？

法文 Oui, vous pouvez faire des appels pour n'importe quel pays dans le monde entier.

谐音 乌一，乌 不为 夫艾呵 德诶 匝拜了 不呵 南报呵特 盖了 杯易 当 勒 蒙的 昂及页。

中文 可以，您可以打往全世界任何一个国家。

都市生活篇

029

相关词汇

法文	poste(n.f.)	facteur,-trice(n.)
谐音	报斯特	发克的呵,发克特合异斯
中文	邮局	邮递员

法文	coursier -ière(n.)	lettre(n.f.)
谐音	姑呵丝一页,姑呵丝一页呵	赖特呵
中文	快递员	信

法文	courrier(n.m.)	enveloppe(n.f.)
谐音	姑呵一页	昂歪涝泼
中文	邮件	信封

法文	timbre(n.m.)	cachet d'oblitération(n.m.)
谐音	旦波呵	嘎晒 刀不立德诶哈熊
中文	邮票	邮戳

法文	boîte aux lettres(n.f.)	expéditeur,-trice(n.)
谐音	不哇特 欧 赖特呵	哎克斯贝迪特呵,哎克斯贝迪特合异斯
中文	信箱	寄信人,寄件人

法文	destinataire(n.)	colis(n.m.)
谐音	戴斯滴那戴呵	高立
中文	收信人,收件人	包裹

法文	tarif postal(n.m.)	port(n.m.)
谐音	搭合异夫 包斯大了	报呵
中文	邮资	邮费

法文	port payé	port dû
谐音	报呵 掰页	报呵 的玉
中文	邮资已付	邮资未付

法文	franchise postale	adresse(n.f.)
谐音	夫夯师异子 包斯大了	阿的害斯
中文	免邮费	地址

法文	code postal(n.m.)	lettre ordinaire(n.f.)
谐音	告的 包斯大了	赖特呵 凹呵滴奈呵
中文	邮政编码	平信

法文	lettre recommandée(n.f.)	exprès(n.m.)
谐音	赖特呵 呵高芒德诶	艾克斯扑害斯
中文	挂号信	快递

法文	valeur déclarée(n.f.)	poste restante
谐音	哇乐呵 德诶克拉嘿	报斯特 嗨斯荡特
中文	保价	留局自取

法文	télégramme(n.m.)	envoyer(v.)
谐音	德诶累哥哈么	昂乌哇页
中文	电报	邮寄，投寄

都市生活篇

4 在银行

法文 Bonjour, mademoiselle, qu'est-ce que je peux faire pour vous?

谐音 嘣入呵,妈的母瓦在了,该-斯 哥 热 波 夫艾 呵 不呵 乌

中文 您好,小姐,我能为您做些什么?

法文 Je voudrais ouvrir un compte.

谐音 热 乌的咳 乌乌合异呵 安 共特

中文 我想开个账户。

法文 Avez-vous pris rendez-vous avec notre conseiller financier ?

谐音 阿为-乌 扑呵一 夯德诶-乌 阿外克 闹特呵 工塞页 夫一囊丝一页

中文 您和我们的顾问预约了吗?

法文 Oui, nous avons fixé notre rendez-vous à dix heures du matin aujourd'hui.

谐音 乌一,努 匝翁 夫一克丝诶 闹特呵 夯德诶乌 阿 滴 仄呵 的愚 妈旦 欧入呵的鱼异

中文 是的,我们定好今天上午十点见面。

> 法文　Quelle sorte de comptes voulez-vous ouvrir? Un compte épargne ou un compte courant?
> 谐音　盖了 臊呵特 德 共特 乌雷-乌 乌乌合异呵？安 共特 诶巴呵涅 乌 安 共特 姑沉？
> 中文　您想开个什么样的账户？是储蓄账户还是往来账户？

> 法文　Y a-t-il des différences?
> 谐音　亚 地 了 德诶 滴飞沉斯？
> 中文　有什么不同吗？

> 法文　Oui, avec un compte courant, vous pouvez avoir un chéquier.
> 谐音　乌一，阿外克 安 共特 姑沉，乌 不为 匝乌哇呵 安 师诶 哥一页
> 中文　是的，开往来账户，您可以开支票。

> 法文　Oh, je n'en ai pas besoin, ouvrez-moi un compte épargne s'il vous plaît.
> 谐音　欧，热 囊 内 巴 波足万，乌乌黑-母瓦 安 共特 诶巴呵涅，丝一了 乌 扑赖
> 中文　哦，我不需要，请给我开个储蓄账户好了。

> 法文　Qu'est-ce que je dois faire?
> 谐音　盖-斯 个 热 读哇 夫艾呵
> 中文　我需要做些什么？

法文 Remplissez ce formulaire, et montrez-moi votre carte d'identité ou votre passeport, s'il vous plaît.

谐音 夯扑立 丝诶 色 夫奥呵么玉赖呵，诶 蒙特黑-母瓦 乌奥特呵 嘎呵特 滴当滴德诶 务 乌奥特呵 巴斯报呵，丝一了 乌 扑赖

中文 请您填一下这张表格，给我看一下您的身份证或者护照。

法文 Je veux encore déposer cinq mille euros sur ce compte.

谐音 热 沃 昂告呵 德诶包贼 散克 密 了后 苏玉呵 色 共特

中文 我还想往这个账户里存5,000欧元。

法文 Pas de problème, voilà votre livret de compte.

谐音 巴 德 扑蒿波赖么，乌哇拉 乌奥特呵 立乌害 德 共特

中文 没有问题，这是您的存折。

法文 J'ai envie d'ouvrir un compte à terme.

谐音 日诶 昂乌一 督乌合异呵 安 共特 阿 戴呵么

中文 我想开一个定期账户。

法文 Bon, vous voulez déposer combien? Et à quel terme?

谐音 嘣，乌 乌雷 德诶包贼 工鼻燕? 诶 阿 盖了 戴呵么

中文 好的，您要存多少钱? 存多久?

法文 Quel est le taux d'intérêt du compte à terme?
谐音 盖 来 勒 豆 旦 德诶害 的愚 共特 阿 戴呵么
中文 请问现在定期储蓄利率是多少?

法文 Pour une durée de placement de douze mois trois pour cent.
谐音 不呵 玉呢 的愚黑 德 普拉斯芒 德 度资 母瓦,图哇 不呵桑
中文 存十二个月定期的话是百分之三。

法文 Alors, dix mille euros, douze mois.
谐音 阿涝呵,地斯 密 了后,度资 母瓦
中文 好吧,一万欧元存12个月。

法文 Je voudrais une carte de crédit (carte bleue) internationale, c'est possible?
谐音 热 乌的咳 愚呢 嘎呵特 德 克黑地 (嘎呵特 不乐)安戴呵那肖那了,塞 包丝一不了
中文 我想办一张国际信用卡可以吗?

法文 Bien sûr que oui. Remplissez d'abord ce formulaire, et nous avons besoin de la photocopie de votre carte d'identité ou de votre passeport.
谐音 鼻燕 续呵 哥 乌一。夯扑立丝诶 搭报呵 色 夫奥 呵么玉赖呵,诶 努 匝翁 波足万 德 拉 夫奥豆高必 德 乌奥特呵 嘎呵特 滴当滴德诶 务 乌奥特呵 巴斯报呵
中文 当然可以。请您填一下这张表,我还需要您的身份证或者护照的复印件。

都市生活篇

法文 Bonjour, je voudrais retirer de l'argent.
谐音 嘣入呵，热 乌的咳 喝地嘿 德 拉呵让
中文 您好，我想取款。

法文 Par un livret de compte ou par une carte bancaire?
谐音 巴呵 安 立乌害 德 共特 务 巴呵 愚呢 嘎呵特 邦盖呵
中文 您用存折还是银行卡？

法文 Par la carte bancaire.
谐音 巴呵 拉 嘎呵特 邦盖呵
中文 是银行卡。

法文 Vous pouvez utiliser le distributeur. Ce sera plus rapide.
谐音 乌 不为 玉滴立资诶 勒 滴斯特呵一 波玉的呵。色 色哈 普绿 哈必的
中文 您可以用自动提款机取款。那样会更快些。

法文 Je veux transférer 500 euros sur ce compte.
谐音 热 沃 特夯斯飞黑 散桑 呃后 苏玉呵 色 共特
中文 我想往这个账户上转500欧元。

法文 C'est facile, mais nous prenons une commission de dix pourcent de la somme.
谐音 赛 发丝一了，麦 努 扑呵弄 玉呢 高咪熊 德 地斯 不呵桑 德 拉 臊么
中文 很容易，但是要收取汇款额百分之一的手续费。

法文 Bonjour, ma carte bancaire est perdue, qu'est-ce que je peux faire?

谐音 嘣入呵, 妈 嘎呵特 邦盖呵 艾 拜呵的玉, 盖-斯 哥 热 波 夫艾呵

中文 您好, 我的银行卡丢了, 我该怎么办?

法文 Il faut faire une déclaration de la perte de votre carte tout de suite.

谐音 衣了 夫哦 夫艾呵 与呢 德诶克拉哈熊 德 拉 拜呵特 德 乌奥特呵 嘎呵特 度 德 随特

中文 需要马上把您的卡挂失。

法文 Comment puis-je faire?

谐音 高芒 扑玉-日 夫艾呵

中文 我该怎么做?

法文 J'ai besoin de votre nom, de votre numéro de compte et de votre carte d'identité, surtout remplissez précisément ce formulaire.

谐音 日诶 波足万 德 乌奥特呵 弄, 都 乌奥特呵 女没后 的愚 共特 诶 德 乌奥特呵 嘎呵特 滴当 滴德诶, 续呵度 夯扑立丝诶 扑黑丝一贼芒 色 夫奥呵么玉赖呵

中文 我需要您的姓名、账号、身份证号, 尤其是请详细填写这个表格。

法文 Oh, vous avez oublié de signer ici.

谐音 哦, 乌 匝 为 租不立页 德 丝一涅 一丝一

中文 哦, 您忘记在这里签字了。

法文 Je peux avoir la nouvelle carte aujourd'hui?
谐音 热 波 匹乌哇呵 拉 奴外了 嘎呵特 欧入呵的鱼一
中文 我今天就可以拿到新卡了吗?

法文 Non, nous vous enverrons votre nouvelle carte dans une semaine.
谐音 弄,努 乌 脏歪哄 乌奥特呵 奴外了 嘎呵特 当 局呢 色曼呢
中文 不行,一周之后我们会把新卡寄给您。

法文 Bonjour, je voudrais échanger deux cents dollars américains en euros.
谐音 嘣呵,热 乌的咳 诶商日诶 的 桑 到拉呵 匹 没合一干 昂 呢后
中文 您好,我想把200美元兑换成欧元。

法文 Quel est le taux de change aujourd'hui, s'il vous plaît?
谐音 该 来 勒 豆 德 上日 欧入呵的鱼一,丝一了 乌 扑赖
中文 请问今天的汇率是多少?

法文 Cent dollars américains font quatre-vingts euros.
谐音 桑 到拉呵 匹没合一干 奉 嘎特呵万 则后
中文 100美元换80欧元。

法文 Pouvez-vous me faire de la monnaie? Je veux vingt billets de cinq euros.

谐音 不为-乌 么 夫艾呵 德 拉 猫奈？热沃万逼页 德 散 哥后

中文 您能帮我换成零钱吗？我想要20张5欧元的。

法文 Ce billet de cent euros est écorné pouvez-vous me le changer pour un nouveau billet de la même valeur?

谐音 色 逼页 德 桑 的后 艾 德诶高呵内，不为-乌 么 了 商日诶 不呵 安 奴乌欧 逼页 德 拉 麦 么 哇乐呵

中文 这张100欧的钞票坏了个角，您能给我换一张等值的新的吗？

法文 Je regrette, monsieur, je peux vous changer ce billet seulement pour cinquante euros.

谐音 热 喝哥害特，么穴，热 波 乌 商日诶 色 逼页 色了芒 不呵 三刚 的后

中文 很抱歉，先生，我只能给您把这张换成50欧元了。

法文 Si la surface endommagée est moins de cinquante pourcent, nous pouvons vous le changer pour un billet de la même valeur.

谐音 丝一 拉 续呵发斯 昂刀骂日诶 艾 木万 德 三刚特 不呵桑，努 不翁 乌 了 商日诶 不呵 安 逼页 德 拉 麦么 哇乐呵

中文 如果损坏面积低于百分之五十的话，我们就可以兑换成等值的了。

法文 J'ai envie d'acheter quelques fonds, vous avez de bons conseils?

谐音 日诶 昂乌一 搭士德诶 盖了个 奉，乌 匝为 德 嘣 工赛耶

中文 我想买一些基金，您有什么好的建议吗？

法文 Je vous propose d'acheter des fonds actions.

谐音 热 乌 扑蒿波欧资 搭士德诶 德诶 奉 匝克熊

中文 我建议您买股票型基金。

相关词汇

法文	banque(n.f.)	caisse d'épargne(n.f.)
谐音	棒克	盖斯 德诶罢呵涅
中文	银行	储蓄所

法文	bourse des valeurs(n.f.)	argent(n.m.)
谐音	不呵斯 德诶 洼乐呵	阿呵让
中文	证券交易所	钱

法文	billet(n.m.)	pièce(n.f.)
谐音	逼页	皮页斯
中文	纸币	硬币

法文	fausse monnaie(n.f.)	carte bancaire(n.f.)
谐音	夫欧斯 猫奈	嘎呵特 邦盖呵
中文	假币	银行卡

法文	livret de compte(n.m.)	compte(n.m.)
谐音	立乌害 德 共特	共特
中文	存折	账户

法文	compte épargne(n.m.)	compte courant(n.m.)
谐音	共特 诶罢呵涅	共特 姑沉
中文	储蓄账户	往来账户

法文	dépôt(n.m.)	dépôt à vue(n.m.)
谐音	德诶 波欧	德诶 波欧 阿 乌玉
中文	存款	活期存款

法文	dépôt à terme(n.m.)	retirer de l'argent
谐音	德诶 波欧 阿 戴呵么	喝滴嘿 德 拉呵让
中文	定期存款	取款

法文	distributeur(n.m.)	intérêt(n.m.)
谐音	低斯特呵一 波玉的呵	安德诶害
中文	自动取款机	利息

法文	chèque(n.m.)	chéquier(n.m.)
谐音	晒克	师诶 哥一页
中文	支票	支票簿

法文	chèque de voyage(n.m.)	chèque postal(n.m.)
谐音	晒克 德 乌哇亚日	晒克 包斯大了
中文	旅行支票	邮政支票

法文	chèque barré(n.m.)	prêt(n.m.)
谐音	晒克 巴嘿	普害
中文	划线支票	贷款

法文	prêt à intérêt(n.m.)	prêt sans intérêt(n.m.)
谐音	普害 阿 安德诶害	普害 丧 赞德诶害
中文	有息贷款	无息贷款

法文	virement(n.m.)	à découvert
谐音	乌一呵芒	阿 德诶姑外呵
中文	转账	透支

法文	devise(n.f.)	change(n.m.)
谐音	德乌一资	上日
中文	外币	兑换

法文	taux de change(n.m.)	action(n.f.)
谐音	豆 德 上日	阿克熊
中文	汇兑率	股票

5 在医院

法文 Bonjour, s'il vous plaît, quel est le tarif de la consultation d'un médecin spécialiste ?

谐音 嘣入呵，丝一了 乌 扑赖，该 来 勒 搭合异夫 德 拉 工续了搭熊 丹 没的散 斯贝丝一亚立斯特

中文 您好，请问专家诊的挂号费是多少？

法文 Le tarif de consultation d'un spécialiste est de 25 euros.

谐音 勒 搭合异夫 德 工续了搭熊 丹 斯贝丝一亚立斯特 艾 德 万特三 哥后

中文 专家诊的挂号费是25欧元。

法文 Vous avez une assurance médicale?

谐音 乌 匝为 玉 那续沉斯 没地嘎了

中文 您有医疗保险吗？

法文 Oui, voilà mon bulletin d'assurance médicale.

谐音 乌一，乌哇拉 蒙 波玉了旦 达续沉斯 没地嘎了

中文 是的，这是我的医疗保险单。

法文 Non, je paie moi-même.

谐音 弄，热 拜 母瓦-麦么

中文 不，我自己支付医药费。

法文 Bonjour, monsieur, où avez-vous mal?
谐音 嘣入呵，么穴，务 阿为-乌 骂了
中文 您好，先生，您觉得哪里疼？

法文 J'ai mal à la tête/au ventre/à l'estomac/à la gorge/aux dents.
谐音 日诶 妈 拉 拉 戴特/欧 忘特呵/阿 赖斯刀妈/阿 拉 告呵日/欧 荡
中文 我觉得头疼/肚子疼/胃疼/嗓子疼/牙疼。

法文 Bonjour, madame, qu'est-ce qui ne va pas?
谐音 嘣入呵，妈大么，盖-斯 哥异 呢 哇 巴
中文 您好，太太，您哪儿不舒服？

法文 Je n'ai pas d'appétit, et j'ai envie de vomir.
谐音 热 内 巴 搭杯地，诶 日诶 昂乌一 德 乌凹密呵
中文 我没有胃口，还想吐。

法文 Je me sens très faible ces derniers jours.
谐音 热 么 桑 特咳 夫艾波了 丝诶 呆呵尼页 入呵
中文 我这段时间一直感觉很虚弱。

法文 Je tousse très fort pendant la nuit.
谐音 热 度斯 特咳 夫奥呵 帮荡 拉 女异
中文 我晚上咳嗽得厉害。

法文 J'ai la diarrhée depuis trois jours.
谐音 日诶 拉 迪亚嘿 德扑玉 图哇 入呵
中文 我拉肚子三天了。

法文 La tête me tourne tout le temps, et je ne sais pas pourquoi.
谐音 拉 戴特 么 度呵呢 度 了 荡，诶 热 呢 塞 巴 不呵姑哇
中文 我老觉得头晕，不知道是怎么回事儿。

法文 Je me mouche sans cesse, et j'éternue tout le temps.
谐音 热 么 木师 桑 赛斯，诶 日诶戴呵女 度 了 荡
中文 我一直流鼻涕，而且还总打喷嚏。

法文 C'est une rhinite allergique très typique.
谐音 赛 拉 玉呢一尼特 阿赖呵日一克 特咳 滴必克
中文 这是典型的过敏性鼻炎。

法文 Vous êtes allergique à quelque chose?
谐音 乌 在特 匝赖呵日一克 阿 盖了个 受子
中文 您对什么东西过敏吗?

法文 Oui, je suis allergique au pollen/à la pénicilline.
谐音 乌一，热 随 匝赖呵日一克 欧 包赖呢/阿 拉 贝尼丝一立呢
中文 我对花粉/青霉素过敏。

法文 J'ai du mal à dormir ces derniers jours.

谐音 日诶 的愚 骂了 阿 刀呵密呵 丝诶 呆呵尼页 入呵

中文 我最近睡眠不好。

法文 Je me sens tout le temps nerveux, et quelquefois très triste.

谐音 热 么 桑 度 了 荡 奈呵沃，诶 盖了个夫哇 特 咳 特合异斯特

中文 我总是感觉到紧张，而且有时候心情很郁闷。

法文 Depuis quand ne vous sentez-vous pas bien?

谐音 德扑玉 刚 呢 乌 桑德诶-乌 巴 鼻燕

中文 您感觉不舒服有多久了？

法文 Ça a commencé le mois dernier, par intermittence.

谐音 撒 阿 高芒丝诶了 母瓦 呆呵尼页，巴呵 安呆呵咪荡斯

中文 从上个月开始就这样断断续续的。

法文 Depuis quatre ou cinq jours.

谐音 德扑玉 嘎特呵 乌 散克 入呵

中文 有四五天了。

法文 Je vais prendre d'abord votre tension et votre température.

谐音 热 为 扑沉的呵 搭报呵 乌奥特呵 当熊 诶 乌奥特呵 当杯哈的玉呵

中文 我先给您量一下血压，测一下体温。

法文 38℃, vous avez de la fièvre.
谐音 特夯的玉特 德个黑，乌 匝为 德 拉 夫一页乌呵
中文 三十八度，您发烧了。

法文 Déboutonnez votre veste et votre chemise, s'il vous plaît, je vais vous ausculter.
谐音 德诶不刀内 乌奥特呵 外斯特 诶 乌奥特呵 余密资，丝一了 乌 扑赖，热 为 乌 奏斯哥愚了 德诶
中文 请解开您的上衣和衬衫，我来给您听一下。

法文 Allez faire une radio gastroscopie.
谐音 阿累 夫艾呵 与呢 哈迪欧 嘎斯特蒿斯高必
中文 您去拍个X光片/做个胃镜。

法文 Allez faire une analyse de sang/d'urine/de selle.
谐音 阿累 夫艾呵 玉 那立资 德 桑/ 德玉 合异呢/ 德 赛了
中文 您去验个血/便/尿。

法文 Et puis, revenez avec le rapport de l'examen.
谐音 诶 扑玉，呵窝内 阿外克 了 哈报呵 德 来个匝曼
中文 然后拿着化验单回来。

法文 Quand puis-je obtenir les résultats, s'il vous plaît?

谐音 刚 扑玉-日 凹波的尼呵 雷 黑局了大，丝一了 乌 扑赖

中文 请问，我什么时候才能拿到结果?

法文 Prenez votre rapport d'examen au laboratoire dans une demi-heure.

谐音 扑呵内 乌奥特呵 哈报呵 呆个匣曼 欧 拉包哈读哇呵 当 局呢 德咪月呢

中文 半个小时后去化验室领取化验单。

法文 Docteur, ma maladie est grave?

谐音 刀克的呵，妈 妈辣滴 艾 哥哈沃

中文 大夫，我的病很严重吗?

法文 Ne vous inquiétez pas, ce n'est pas très grave.

谐音 呢 乌 赞哥一耶德诶 罢，色 奈 巴 特咳 哥哈沃

中文 别担心，没有那么严重。

法文 C'est seulement la grippe, mais vous avez besoin de faire un goutte-à-goutte intraveineux.

谐音 赛 色了芒 拉 哥呵一泼，麦 乌 匣为 波足万 德 夫艾呵 安 故搭故特 安特哈外呢厄

中文 只是感冒，但是您需要打吊瓶。

法文 Je vais vous faire une ordonnance, et vous pouvez acheter des médicaments à la pharmacie.

谐音 热 为 乌 夫艾呵 愚 孬呵刀囊斯，诶 乌 不为 匪师德诶 德诶 没滴嘎芒 阿 拉 发呵妈丝一

中文 我给您开个药方，您可以去药房买药。

法文 Vous prenez ces comprimés trois fois par jour, après le repas.

谐音 乌 扑呵内 丝诶 工扑呵一没 图哇 夫哇 巴呵 入呵，阿扑害 勒 喝罢

中文 这个药片每天吃三次，饭后服用。

法文 Et prenez une cuillérée de sirop avant de vous coucher chaque soir.

谐音 诶 扑呵内 与呢 哥愚耶黑 德 丝一后 阿忘 德 乌 姑师诶 沙克 苏哇呵

中文 糖浆每天晚上睡觉前喝一勺。

法文 J'ai besoin de garder le lit?

谐音 日诶 波足万 德 嘎呵德诶 勒 立

中文 我需不需要卧床休息啊？

法文 Vous devez garder le lit pendant trois jours.

谐音 乌 德为 嘎呵德诶 勒 立 帮荡 图哇 入呵

中文 您需要卧床休息三天。

法文 Non, pas besoin, vous irez mieux très vite.

谐音 弄，巴 波足万，乌 兹一黑 迷月 特咳 乌一特

中文 不用，您很快就会好的。

法文 Vous devez arrêter de fumer, et mangez moins de nourriture grasse.

谐音 乌的为 匝嘿德诶 德 夫愚妹，诶 芒日诶 木万 德 奴呵一 的玉呵 哥哈斯

中文 您最好不要吸烟，并少吃油腻食物。

法文 Il vaut mieux boire de l'eau ou du jus le plus possible, et faites attention à vous tenir au chaud.

谐音 衣了 沃 迷月 不哇呵 德 漏 乌 德玉 日玉 了 普绿斯 包丝一不了，诶 夫艾特 匝当熊 阿 乌 德尼呵 欧 受

中文 尽量多喝些水或果汁，注意保暖。

法文 Ce n'est pas grave, vous avez du mal à dormir, c'est à cause de votre pression du travail trop forte.

谐音 色 奈 巴 哥哈沃，乌 匝为 德玉 骂了 阿 刀呵 密呵，赛 搭 够资 德 沃特呵 扑害熊 德玉 特哈 哇耶 特后 夫奥呵特

中文 没什么大不了的，您失眠是由于工作压力太大了。

法文 Soyez optimiste, et prenez une semaine de vacances pour faire un voyage ou faites un peu de sport tous les jours.

谐音 苏哇页 奥泼滴密斯特，诶 扑呵内 与呢 色麦呢 德 瓦刚斯 不呵 夫艾呵 安 乌哇亚日 乌 夫艾特 安 波 德 斯报呵 度 累 入呵

中文 对待什么事情都乐观一点儿，给自己放一周的假出去旅旅游或者每天做点儿运动。

法文 Merci, docteur, je vais faire ce que vous m'avez dit.

谐音 麦呵丝一，刀克的呵，热 为 夫艾呵 色 哥 乌 妈为 地

中文 谢谢您，医生，我会照您的吩咐做的。

法文 J'ai besoin d'être hospitalisé ?

谐音 日诶 波足万 戴特呵 凹斯逼搭立贼

中文 我需要住院吗？

法文 Oui, il faut faire l'opération demain.

谐音 乌一，衣了 夫哦 夫艾呵 涝贝哈熊 的曼

中文 是的，明天必须做手术。

法文 Ça va mieux?

谐音 撒 哇 迷月

中文 好些了吗？

法文 Je me sens beaucoup mieux, je viens pour un réexamen.

谐音 热 么 桑 波欧故 迷月，热 乌一燕 不呵 安 黑艾哥匝曼

中文 我感觉好多了，我是来复查的。

法文 Quel est le résultat de mon réexamen?

谐音 盖 来 了 黑局了大 德 蒙 黑艾哥匝曼

中文 我的复查结果怎么样？

法文 Vous êtes complètement guéri.

谐音 乌 在特 工扑赖特芒 哥诶 合异

中文 您已经完全治愈了。

法文 Madame, ne vous en faites pas! Écoutez, je dois vous dire félicitation, ce n'est pas une maladie, vous êtes enceinte!

谐音 妈大么，呢 乌 脏 夫艾特 巴！诶姑德诶，热 读 哇 乌 地呵 飞立丝一搭熊，色 奈 巴 局呢 妈拉地，乌 在特 脏散特

中文 太太，您不用担心！您听我说，我应该说恭喜您，您是怀孕了！

法文 Voulez-vous savoir le sexe de votre bébé?

谐音 乌累-乌 撒乌哇呵 了 赛克斯 德 乌奥特呵 贝贝

中文 您想知道孩子的性别吗？

法文 Non, mon mari et moi, nous ne voulons pas le savoir avant sa naissance.

谐音 弄，蒙 妈合异 诶 母瓦，努 呢 乌隆 巴 了 撒 乌哇呵 阿忘 撒 奈桑斯

中文 不，我和我丈夫在孩子出生前不想知道。

法文 C'est un garçon, il fait trois kilos, il est en très bonne santé.

谐音 塞 丹 嘎呵送，伊勒 夫艾 图哇 哥一漏，一赖 当 特咳 报呢 桑德诶

中文 男孩，3公斤，很健康。

相关词汇

法文	hôpital(n.m.)	pharmacie(n.f.)
谐音	欧碧大了	发呵妈丝一
中文	医院	药房

法文	médecine générale(n.f.)	chirurgie générale(n.f.)
谐音	没的丝一呢 日诶内哈了	师一呵玉呵一 日诶内哈了
中文	内科	外科

法文	pédiatrie(n.f.)	stomatologie(n.f.)
谐音	杯迪亚特合异	斯刀妈刀涝日异
中文	儿科	口腔科

法文	odontologie(n.f.)	dermatologie(n.f.)
谐音	凹东刀涝日异	戴呵妈刀涝日异
中文	牙科	皮肤科

都市生活篇

法文	salle de consultation(n.f.)	salle des urgences(n.f.)
谐音	萨了 德 工须了搭熊	萨了 德诶 居呵让斯
中文	诊室	急诊室

法文	salle d'opération(n.f.)	salle d'accouchement(n.f.)
谐音	萨了 刀贝哈熊	萨了 搭姑士芒
中文	手术室	分娩室

法文	salle de nourrisson(n.f.)	laboratoire(n.m.)
谐音	萨了 德 奴呵一送	拉包哈独哇呵
中文	婴儿室	检验室

法文	analyse de …(n.f.)	température(n.f.)
谐音	阿那立资 德	当贝哈的玉呵
中文	化验……	体温

法文	fièvre(n.f.)	grippe(n.f.)
谐音	夫一页乌呵	哥呵一泼
中文	发烧	感冒

法文	toux(n.f.)	diarrhée(n.f.)
谐音	度	迪亚嘿
中文	咳嗽	腹泻

法文	opération(n.f.)	acupuncture(n.f.)
谐音	凹贝哈熊	阿哥玉嘣克的玉呵
中文	手术	针灸

法文	massage(n.m.)	médicament(n.m.)
谐音	妈萨日	没低嘎芒
中文	按摩	药

法文	sirop(n.m.)	capsule(n.f.)
谐音	丝一后	嘎泼续了
中文	糖浆	胶囊

法文	injection(n.f.)	goutte-à-goutte intraveineux(n.f.)
谐音	安日艾克熊	故-搭-故 安特哈外呢厄
中文	注射	静脉点滴，吊瓶

6 在美发店

法文 Bonjour, mesdemoiselles, pourriez-vous attendre quelques minutes?

谐音 嘣入呵，没的母瓦在了，不呵一页-乌 匝荡的 呵 盖了个 咪女特

中文 你们好，小姐们，请等几分钟好吗？

法文 Il y a encore une cliente avant vous.

谐音 衣 立 亚 安告呵 与呢 克立样特 阿忘 乌

中文 在你们前面还有一位女顾客。

法文 En attendant, vous pouvez lire ces revues ou ces albums de coiffures.

谐音 昂 那当荡，乌 不为 立呵 丝诶 呵乌玉 乌 丝诶 匝了报么 的 姑哇夫玉呵

中文 你们可以先看一下这些杂志或者发型手册。

法文 Bon, mademoiselle, à votre tour!

谐音 嘣，妈的母瓦在了，阿 乌奥特呵 度呵！

中文 好了，小姐，轮到您了！

法文 Je vous fais d'abord un shampooing?

谐音 热 乌 夫艾 搭报呵 安 上不万

中文 我先给您洗洗头发？

法文 Non, pas besoin, je viens de le faire, et mes cheveux sont encore moites.

谐音 弄，巴 波足万，热 乌一燕 德 了 夫艾呵，诶 没 佘沃 松 当告呵 母瓦特

中文 不需要，我刚刚洗完，还有点儿湿呢。

法文 D'accord, faites-le-moi.

谐音 搭告呵，夫艾特-了-母瓦

中文 好吧，给我洗洗吧。

法文 Je vais choisir un shampooing de plantes pour vous.

谐音 热 为 书哇资异呵 安 上不万 德 扑浪特 不呵 乌

中文 我将给您选择植物型的洗发水。

法文 J'ai beaucoup de pellicules, qu'est-ce que je peux faire?

谐音 日诶 波欧故 德 杯立哥玉了，盖斯 哥 热 波 夫艾呵

中文 我有很多头皮屑，该怎么办呢？

法文 Vous pouvez essayer notre shampooing anti-pelliculaire, il est très efficace.

谐音 乌 不为 贼塞页 闹特呵 上不万 昂地-杯立哥愚赖呵，衣 来 特咳 贼夫一嘎斯

中文 您可以试一下我们这里的去屑洗发水，很有效。

法文 Vous voulez quelle coiffure?
谐音 乌 乌雷 盖了 姑哇夫玉呵
中文 您要剪成什么样的?

法文 Je veux seulement les couper un peu plus courts.
谐音 热 沃 色了芒 累 姑贝 安 波 普绿 故呵
中文 我只是想剪短一些。

法文 Je les coupe courts?
谐音 热 累 故泼 故呵
中文 都短一些吗?

法文 Non, coupez-les un peu courts derrière, et laissez-les longs sur les côtés.
谐音 弄,姑贝-累 安 波 故呵 呆呵尼页呵, 诶 来丝诶-累 隆 续呵 累 勾德诶
中文 不,我想把后面的剪短,两边留长。

法文 Et votre frange?
谐音 诶 乌奥特呵 夫沉日
中文 您的刘海儿想怎么做呢?

法文 Rafraîchissez-la seulement un peu.
谐音 哈夫害师一 丝诶-拉 色了芒 安 波
中文 只修一下就好了。

法文 Comment se fait la raie?
谐音 高 芒 色 夫艾 拉 害
中文 头发怎么分?

法文 Au milieu。
谐音 欧 咪立月
中文 中间分吧。

法文 Vos cheveux sont vraiment épais, Je les effile?
谐音 乌欧 佘沃 松 乌害芒 诶拜,热 累 艾夫一了
中文 您的头发真的挺厚的,我给您削薄一些好吗?

法文 Oui, mais pas trop.
谐音 乌一, 麦 巴 特后
中文 好的,但是不要太薄。

法文 Et vous, mademoiselle, quelle coiffure préférez-vous?
谐音 诶 乌, 妈的母瓦在了, 盖了 姑哇夫玉呵 扑黑飞黑-乌
中文 您呢, 小姐, 您想要做什么样的发型?

法文 J'aimerais une coiffure toute nouvelle.
谐音 日艾么害 与呢 姑哇夫玉呵 度特 奴外了
中文 我想做个全新发型。

地道法语 想说就说

法文 Donnez-moi quelques conseils, s'il vous plaît.
谐音 刀内-母瓦 盖了个 工赛耶，丝一了 乌 扑赖
中文 请您给我些建议吧。

法文 Je vous propose de faire une ondulation.
谐音 热 乌 扑蒿波欧资 德 夫艾呵 愚 弄的愚拉熊
中文 我建议您把头发烫成卷发。

法文 Et maintenant, la plus part des jeunes filles se font colorer les cheveux, vous voulez essayer?
谐音 诶 曼特囊，拉 普绿 巴呵 德诶 热呢 夫一耶 奉 高捞黑 雷 佘沃，乌 乌累 贼塞耶诶
中文 现在大多数年轻的女孩都染发，您想试试吗？

法文 Vous pouvez choisir une couleur préférée.
谐音 乌 不为 书哇资异呵 与呢 姑乐呵 扑黑飞黑
中文 你可以选一个喜欢的颜色。

法文 J'aime le brun.
谐音 日艾么 了 不汗
中文 我喜欢棕色。

法文 Vous avez du goût, c'est la couleur à la mode cette année.
谐音 乌 匝为 的愚 故，赛 拉 姑乐呵 阿 拉 冒的 赛 搭内
中文 您很有眼光，这是今年的流行色。

法文 Mais, je m'inquiète un peu, la qualité de mes cheveux n'est pas très bonne : ils sont secs et cassants.

谐音 麦,热 曼哥一页特 安波,拉 嘎立德诶 德 没 佘沃 奈 巴 特咳 鼻燕:衣了 松 赛克 诶 嘎桑

中文 但是我有点儿担心,我的发质不是很好:干燥,而且易断。

法文 Ne vous inquiétez pas, après la coloration, nous allons vous faire un soin de cheveux, c'est gratuit.

谐音 呢 乌 赞哥一页德诶 巴,阿扑害 拉 高涝哈熊,努 匝隆 乌 夫艾呵 安 俗万 德 佘沃,赛 哥哈的 玉异

中文 别担心,染发后我们会送您一次免费的头发保养。

相关词汇

法文	coiffure(n.f.)	album de coiffures(n.m.)
谐音	姑哇夫玉呵	阿了报么 的 姑哇夫玉呵
中文	发型	发型手册

法文	couper les cheveux	couper ras
谐音	姑贝 累 佘沃	姑贝 哈
中文	理发	剃光头

法文	shampooing(n.m.)	cheveux(n.m.pl.)
谐音	上不万	佘沃
中文	洗发,洗发水	头发

法文	pellicule(n.f.)	shampooing anti-pelliculaire(n.m.)
谐音	杯立哥玉了	上不万 昂地-杯立哥愚赖呵
中文	头皮屑	去屑洗发水

法文	long, longue	court,e
谐音	隆, 隆哥	故呵, 故呵特
中文	长的	短的

法文	frange(n.f.)	rafraîchir
谐音	夫沉日	哈夫害师一呵
中文	刘海儿	修剪

法文	épais,sse	éffiler
谐音	诶拜, 诶拜斯	艾夫一累
中文	厚的	削薄

法文	ondulation(n.f.)	coloration(n.f.)
谐音	欧的愚拉熊	高涝哈熊
中文	烫发	染发

法文	la couleur à la mode	la qualité des cheveux
谐音	姑乐呵 阿 拉 冒的	拉 嘎立德诶 德诶 佘沃
中文	流行色	发质

法文	cassant,e	soin(n.m.)
谐音	嘎桑, 嘎桑特	俗万
中文	易断的	保养

7 在干洗店

法文 Bonjour, s'il vous plaît, je veux laver quelques vêtements, comment calculez-vous les frais?

谐音 蹦入呵,丝一了 乌 扑赖,热 沃 呢恶夫 盖了 个 歪特芒,高芒 嘎了哥愚累-乌 勒 夫害

中文 您好,请问,我想在这儿洗几件衣服,费用是怎么算的?

法文 Ça dépend de la quantité, de la matière et du moyen pour lessiver les des vêtements.

谐音 萨 德诶邦 德 拉 嘎立德诶,德 拉 妈及页呵 诶 的愚 母瓦燕 不呵 来丝一为 雷 歪特芒

中文 要看衣服的数量、材料和洗涤的方法。

法文 Je veux laver un manteau, une chemise et deux pantalons.

谐音 热 沃 拉为 安芒豆,与呢 佘密子 诶 的 邦搭隆

中文 我想洗一件大衣、一件衬衫和两条裤子。

法文 Montrez-les-moi, s'il vous plaît.

谐音 蒙特黑-累-母瓦,丝一了 乌 扑赖

中文 请让我看一下。

法文 Voilà: nettoyage à sec pour votre manteau en laine et votre chemise, nettoyage à l'eau pour vos pantalons.

谐音 乌哇辣：奈读哇亚日 阿 赛克 不呵 乌奥特呵 芒豆 昂 赖呢 诶 乌奥特呵 余密资，奈读哇亚日 阿 漏 不呵 乌哦 邦搭隆

中文 这样：您的毛料大衣和衬衫需要干洗，裤子水洗就可以了。

法文 Quel est le tarif, alors?

谐音 盖 来 了 搭合异夫，阿涝呵

中文 那么，怎么收取费用呢？

法文 En général, quinze euros pour un manteau en laine, cinq euros pour une chemise, et cinq euros pour deux pantalons.

谐音 昂 日诶内哈了，干 则后 不呵 安 芒豆 昂 赖呢，散 哥后 不呵 与呢 余密资，诶 散 哥后 不呵 德 邦搭隆

中文 一般情况下，洗一件羊毛大衣十五欧元，一件衬衫五欧元，两条裤子五欧元。

法文 Et votre chemise a besoin du repassage, le repassage est gratuit chez nous.

谐音 诶 沃特呵 余密资 阿 波足万 的愚 喝巴萨日，勒 呵巴萨日 艾 哥哈的鱼异 师诶 努

中文 您的衬衫需要熨烫，我们这里是免费熨烫的。

法文 Mais, si vous faites un nettoyage de plus de trois vêtements, nous pouvons vous faire une remise de dix pour-cent.

谐音 麦，丝一 乌 夫艾特 安 奈度哇亚日 德 普绿 德 图哇 歪特芒，努 不翁 乌 夫艾呵 与呢 喝 密资 德 滴斯 不呵桑

中文 但是，如果您洗三件以上衣物，我们可以给您打个九折。

法文 Vous pouvez aussi prendre une carte VIP, avec laquelle vous pouvez profiter d'une remise de quinze pour-cent.

谐音 乌 不为 欧丝一 扑沉的呵 与呢 嘎呵特 为艾批，阿外克 拉盖了 乌 不为 扑蒿夫一 德诶 的 愚呢 喝密资 德 干资 不呵桑

中文 您也可以办一张VIP卡，用VIP卡可以享受八五折优惠。

法文 Comment puis-je avoir la carte?

谐音 高芒 扑玉-日 阿乌哇呵 拉 嘎呵特

中文 我如何办理VIP卡呢？

法文 Ça c'est très simple, vous prépayez deux cents euros, et nous vous donnerons la carte.

谐音 萨 赛 特害 散扑了，乌 扑黑掰页 德 桑 则后，诶 努 乌 刀呢哄 拉 嘎呵特

中文 很简单，您先预付二百欧元，我们就会给您一张VIP卡了。

法文 Et après?

谐音 诶 阿扑害

中文 然后呢?

法文 Après, vous pouvez payer chaque fois avec votre carte en profitant d'une remise de quinze pourcent.

谐音 阿扑害, 乌 不为 掰页 沙克 夫哇 阿外科 乌奥特呵 嘎呵特 昂 扑蒿夫一荡 的愚呢 喝密资 德 干资 不呵桑

中文 然后,您就可以每次用您的VIP卡结账,同时享受八五折的优惠了。

法文 J'ai compris, si votre service me convient, je vais la prendre la fois prochaine.

谐音 日诶 工扑合异, 丝一 乌奥特呵 塞呵乌一斯 么 工乌一燕, 热 为 拉 扑沆的呵 拉 夫哇 扑蒿晒呢

中文 我明白了,如果你们的服务让我满意的话,我下次就办一张。

法文 Quand puis-je les retirer?

谐音 刚 扑玉-日 累 喝滴嘿

中文 我什么时间可以取衣服?

法文 Généralement, pour le nettoyage à sec dans trois jours, pour le nettoyage à l'eau dans un jour.

谐音 日诶内哈了芒, 不呵 了 奈读哇亚日 阿 赛克 当 图哇 入呵, 不呵 了 奈读哇亚日 阿 漏 当 安入呵

中文 一般来说,干洗三天可取,水洗一天可取。

法文 Mais, j'aurai besoin de cette chemise demain matin, c'est un peu pressé. Je voudrais la retirer aujourd'hui à six heures du soir, si c'est possible.

谐音 麦，绕黑 波足万 德 赛特 佘密资 的曼 妈旦，塞 丹 波 扑害 丝诶。热 乌的害 拉 喝滴嘿欧入呵的鱼一 阿 丝一仄呵 的愚 苏瓦呵，丝一 赛 包丝一不了

中文 但是，我明天早上要用这件衬衫，有点儿着急，如果可能我想今天晚上6点取。

法文 Ça c'est possible, mais, dans ce cas, vous devez payer cinq euros de supplément.

谐音 萨 赛 包丝一不了，麦，荡 色 嘎，乌德为 掰页 三 哥后 德 续扑累芒

中文 可以，但是这样要交5欧元的加急费。

法文 D'accord, et une autre question, ici, sur mon manteau, il y a une grande tache. C'est lavable?

谐音 搭告呵，诶 玉 呢欧特呵 盖丝迥，一丝一，续呵 蒙芒豆，衣 立 亚 与呢 哥沉的 大师。赛 垃哇不了

中文 好的。还有一个问题，这儿，大衣上的这个污渍可以洗掉吗？

法文 Je vais voir…c'est une tache de soupe, c'est facile à éliminer.

谐音 热 为 乌哇呵……赛 的愚呢 大师 德 速泼，赛 发丝一了 阿 诶立咪内

中文 我看一下……这个应该是汤弄的污点，很容易洗掉。

法文 Le nettoyage à sec peut-il décolorer le manteau?

谐音 勒 奈读哇亚日 阿 赛克 波-地了 德诶高捞黑 勒 芒豆

中文 干洗会让大衣褪色吗?

法文 Non, s'il y a de la décoloration, nous vous dédommagerons.

谐音 弄，丝一 衣 立亚 德 拉 德诶高捞哈熊，奴 乌 德诶 刀 骂日哄

中文 不会，如果褪色我们会包赔您的损失。

法文 Et j'ai encore un pull-over rétréci au lavage, c'est possible de le faire revenir à la taille initiale?

谐音 诶 日诶 昂告呵 安 波玉捞外呵 黑特黑丝一 欧 拉哇日，赛 包丝一不了 德 了 夫艾呵 喝沃尼呵 阿 拉 大耶 一尼丝一亚了

中文 我还有一件羊毛衫洗缩水了，有可能让它变回原来的尺寸吗?

法文 Oui, je vous mesure d'abord.

谐音 乌一，热 乌 么局呵 搭报呵

中文 可以，我先帮您量一下。

法文 Voilà, c'est votre reçu, s'il n'y a pas de problème, signez ici.

谐音 乌哇拉，赛 乌奥特呵 呵续，丝一了 尼 亚 巴 德 扑蒿波赖么，丝一 涅诶 一丝一

中文 好了，这是您的收据，如果没有问题，请在这里签字。

法文 Bonsoir, je viens de retirer ma chemise, c'est mon reçu.

谐音 嘣苏瓦呵,热 乌一燕 德 喝滴嘿 妈 佘密资,赛 蒙 呵续

中文 晚上好,我来取我的衬衫,这是我的收据。

法文 Vous permettez un instant, voilà votre chemise.

谐音 乌 拜呵麦德诶 安 南斯荡,乌哇拉 乌奥特呵 佘密资

中文 请稍等,这是您的衬衫。

法文 Désolé, monsieur, ce n'est pas encore fini. Nous vous la livrerons à domicile demain matin, d'accord?

谐音 德诶遭累,么穴,色 奈 巴 脏告呵 夫一尼。努 乌 拉 立乌呵哄 阿 刀密丝一了 德曼 妈旦,搭告呵

中文 对不起,先生,还没有好,我们明天一早送到您家里去好吗?

相关词汇

法文	laver	Lessive(n.f.)
谐音	拉为	来系乌
中文	洗,洗衣	洗衣粉,洗涤液

法文	frais(n.m.pl.)	vêtement(n.m.)
谐音	夫害	歪特芒
中文	费用	衣物

法文	manteau(n.m.)	chemise(n.f.)
谐音	芒豆	佘密子
中文	大衣	衬衫

法文	pantalon(n.m.)	nettoyage à sec(n.m.)
谐音	邦搭隆	奈读哇日 阿 赛克
中文	裤子	干洗

法文	nettoyage à l'eau(n.m.)	repassage(n.m.)
谐音	奈读哇亚日 阿 漏	喝巴萨日
中文	水洗	熨烫

法文	retirer	tache(n.f.)
谐音	喝滴嘿	大师
中文	取衣服	污渍

法文	éliminable	éliminer
谐音	诶立咪那不了	诶立咪内
中文	可以洗掉的	洗掉

法文	décoloration(n.f.)	rétrécir
谐音	德诶高哈熊	黑特黑丝一呵
中文	褪色	缩水

法文	blanchir	machine à laver(n.f.)
谐音	布朗师一呵	马师一呢 阿 拉为
中文	浆洗,使变白	洗衣机

二、旅行必备篇

1 交通出行

（1）飞机

订票

法文 Je voudrais réserver une place pour Shanghai, Chine.

谐音 热 乌的咳 黑载呵未 与呢 普拉斯 不呵 上海，系呢

中文 我想预订一个去中国上海的机位。

法文 Ça coûte combien, le billet?

谐音 撒 故特 拱鼻燕，乐 逼页

中文 请问票价是多少？

法文 Aller simple ou aller-retour?

谐音 阿雷 散普了 雾 阿雷 喝度呵

中文 单程还是往返？

法文 Huit cents dollars pour un aller simple en deuxième classe de Paris à Shanghai.

谐音 与特 桑 盗蜡呵 不呵 安 拿雷 散普了 昂 德基爱么 可拉斯 德 巴合一 阿 上海

中文 从巴黎到上海的经济舱单程票价是800美元。

法文 Vous prenez la deuxième classe, c'est ça?
谐音 乌 普喝内 拉 德基爱么 可拉斯，塞 萨
中文 您乘坐的是经济舱，对吗？

法文 Voulez-vous la deuxième classe ou la première classe?
谐音 乌雷 乌 拉 德基爱么 可拉斯 务 拉 普喝迷页呵 可拉斯
中文 您要订二等票还是一等票？

办理登机手续

法文 Quand est-ce qu'on l'enregistrement?
谐音 杠 爱 斯 工 高芒斯 浪呵日-斯特呵芒
中文 何时办理登机手续？

法文 Vous devez arriver en avance de quarante-cinq minutes ou une heure à l'aéroport pour l'enregistrement.
谐音 乌 德维 阿合一胃 昂 那忘斯 德 旮喝昂特 散克 咪女特 务 与 呢喝 阿 拉哎蒿抱喝 不喝 浪呵日-撕特呵芒
中文 您必须提前45分钟或1小时到机场办理登机手续。

法文 Vous pourriez vous renseigner sur le panneau.
谐音 乌 不合一页 乌 呵昂塞尼页 续呵 乐 巴呢欧
中文 你最好看一下大屏幕。

法文 L'heure de décollage va être retardée, faites attention à ce qu'on annonce, s'il vous plaît.

谐音 乐呵 德 德诶高拉日 哇 艾特呵 喝搭呵德诶，夫艾特 匹当熊 阿 斯厄 工 那弄斯，丝一了乌扑赖

中文 起飞时间推迟了，请您注意听广播通知。

法文 C'est l'heure de l'enregistrement?

谐音 塞 乐呵 德 浪呵日-斯特呵芒

中文 开始办理登机手续了吗？

法文 Oui, votre carte d'identité / passeport, s'il vous plaît.

谐音 乌一，乌奥特呵 咎呵特 滴当滴德诶/巴斯抱呵，丝一了 乌 扑赖

中文 可以，请出示您的身份证/护照。

法文 Ce n'est pas l'heure d'embarquement de votre vol, attendez un peu, s'il vous plaît.

谐音 色 乃 巴 乐呵 当巴呵克芒 德 乌奥特呵 乌奥乐，阿当德诶 安波，丝一了 乌 扑赖

中文 您的航班还没有开始办理登机手续，请稍等。

法文 Votre billet, s'il vous plaît. Voulez-vous la place côté fenêtre ou côté couloir, Monsieur?

谐音 乌奥特呵 逼页艾，丝一了 乌 扑赖。乌雷 乌 拉 普拉斯 勾德诶 佛耐特呵 务 勾德诶 咕噜瓦呵，么穴

中文 请出示机票。你是要靠窗的还是要靠通道的座位，先生？

法文 Je voudrais une place côté fenêtre dans la cabine fumeurs.
谐音 热 乌的海 与呢 普拉斯 勾德诶 佛耐特呵 当 拉 嘎必呢 夫愚墨呵
中文 我想要吸烟间里靠窗的座位。

法文 Nous voudrions une place côté fenêtre dans la cabine non fumeurs.
谐音 努 乌德合一用 与呢 普拉斯 勾德诶 佛耐特呵 当 拉 嘎必呢 农 夫愚墨呵
中文 我们一定要一个靠窗的座位，在禁烟区。

法文 La place côté couloir.
谐音 拉 普拉斯 勾德诶 咕噜瓦呵
中文 靠通道的。

行李托运

法文 J'ai deux bagages à enregistrer.
谐音 热诶 德 巴嘎日 阿 昂呵日一丝特嘿
中文 我有两件行李要办托运。

法文 Je pourrais garder ce petit sac avec moi?
谐音 热 不害 嘎呵德诶 色 波迪 萨克 阿外克 母瓦
中文 我可以带着这个小提包吗？

法文 Pardon, vous pouvez garder seulement deux bagages avec vous.

谐音 巴呵动，乌 不维 嘎呵德诶 色勒芒 德 巴嘎日 阿外克 乌

中文 对不起，手拎行李不可以超过两件。

安检

法文 Passez le contrôle de sécurité, s'il vous plaît.

谐音 巴丝诶 乐 工特后了 德 色诶 哥愚 合一 德诶，丝一了 乌 扑赖

中文 请您接受安全检查。

法文 Il faut que j'enlève ma veste?

谐音 衣了 夫哦 哥 让赖乌 妈 外斯特

中文 要脱掉外套吗？

法文 Vous pouvez vous monter pour le contrôle de sécurité et d'immigration.

谐音 乌 不维 乌 蒙德诶 不呵 勒 工特后了 德 色诶 哥愚 和一 德诶 艾 低咪哥哈熊

中文 请您到楼上继续进行安全检查和移民检查。

法文 Qu'est-ce qu'il y a, y a-t-il des problèmes?

谐音 该 斯 哥一 里 亚，亚 迪了 德诶 普号波来么

中文 怎么了，有什么问题吗？

法文 Je n'ai pas de bagages avec moi.
谐音 热 内 巴 德 巴嘎日 阿外克 母瓦
中文 我什么行李都没带呀。

法文 Je n'ai rien à déclarer à la douane.
谐音 热 内 合一安 阿 德诶克拉嘿 阿 拉 杜阿呢
中文 我没有带需要上税的东西。

法文 Mais vous avez des montres ici.
谐音 麦 乌 匝维 德诶 梦特呵 一丝一
中文 可是您这里有几块表。

法文 Ça va, alors vous pouvez passer.
谐音 萨 瓦,阿涝呵 乌 不维 巴斯诶
中文 好的,那您可以通过了。

海关

法文 Je voudrais une déclaration en douane.
谐音 热 乌的海 与呢 德诶克拉哈熊 昂 杜阿呢
中文 请给一份海关申报表好吗?

法文 Remplissez ce qui est marqué d'une étoile.
谐音 航普里斯诶 色 哥异 艾 妈呵个诶 德玉呢 雷杜瓦了
中文 请填写下面所有带星号的项目。

法文 Quelle est la destination de votre voyage?
谐音 该 来 拉 呆斯低那熊 德 乌奥特呵 乌瓦亚日
中文 你旅行的目的地是哪儿?

法文 Votre passeport, s'il vous plaît.
谐音 乌奥特呵 巴斯抱呵,丝一了 乌 扑赖
中文 请出示您的护照。

法文 Voilà, tenez.
谐音 乌瓦拉,德内
中文 好的,给您。

法文 Quel est le sujet de votre voyage?
谐音 该 来 乐 须日艾 德 乌奥特呵 乌瓦亚日
中文 您此行的目的是什么?

法文 Rendre visite à des parents et faire un voyage.
谐音 航的呵 乌一 资异特 阿 德诶 巴航 艾 夫艾呵 与呢 乌瓦亚日
中文 探亲和旅游。

法文 Travailler. Ma femme et moi, nous allons rester à Paris pour six mois.
谐音 特哈瓦页。马 发么 艾 母瓦,努 匝龙 海斯德 诶 阿 巴阿一 不呵 西 母瓦
中文 工作。我的妻子和我会在巴黎待6个月。

> 法文 Vous avez combien d'argent liquide avec vous?
> 谐音 乌 匹维 工鼻燕 搭呵让 里哥一的 阿外克 乌
> 中文 你随身携带多少现金?

> 法文 Mille yuans RMB.
> 谐音 密了 元 很民币
> 中文 1,000元人民币。

> 法文 Vous allez rester à Paris pour combien de temps?
> 谐音 乌 匹雷 海斯德诶 阿 巴呵一 不呵 工鼻燕 德 当
> 中文 您要在巴黎待多久?

> 法文 Environ ~ mois.
> 谐音 昂乌一轰 母瓦
> 中文 大约~个月。

> 法文 Je rentrerai avant ~.
> 谐音 热 航特呵黑 阿旺
> 中文 今年~月份以前回来。

机上服务

> 法文 Qu'est-ce que vous voulez comme boisson?
> 谐音 该 斯 哥 乌 乌雷 告么 布瓦诵
> 中文 您想喝点儿什么?

法文 Je voudrais un jus d'orange.
谐音 热 乌的咳 安 日玉 刀航日
中文 我需要一杯橙汁。

法文 Je voudrais une tasse de thé. Pourriez-vous me donner une couverture, s'il vous plaît?
谐音 热 乌的咳 与呢 大斯 德 德诶。不合一耶 乌 么 刀内 与呢 咕外呵的玉呵,丝一了 乌 扑赖
中文 我要一杯茶！请给我一条毯子，好吗？

法文 Oui, Vous avez besoin d'autres services?
谐音 乌一，乌 匹维 波钻 豆特呵 赛呵乌一丝
中文 好的，还需要其他服务吗？

法文 Je ne me sens pas très bien, y a-t-il un médecin de l'air?
谐音 热 呢 么 丧 巴 特咳 鼻燕，亚 迪 了 安 没德 散 德 赖呵
中文 我有点儿不舒服，飞机上有随机医生吗？

法文 Oui, je l'amène tout de suite.
谐音 乌一，热 拉卖呢 杜 的 随特
中文 有的，我马上帮您叫医生。

机上用餐

法文 Voulez-vous le menu avec du poulet ou du boeuf?
谐音 乌雷-乌 乐 么女 阿外科 的愚 布赖 乌 的愚 波夫
中文 您需要鸡肉套餐还是牛肉套餐？

法文 Du poulet.
谐音 的愚 布赖
中文 鸡肉套餐。

法文 Vous êtes végétarien
谐音 乌 在特 为日诶搭呵一燕
中文 您这里有素食吗？

法文 Je pourrais avoir deux menus?
谐音 热 不咳 阿乌瓦呵 德 么女
中文 我可以要双份套餐吗？

法文 Désolée, nous avons seulement un menu pour chaque passager.
谐音 德诶遭累，努 杂翁 色了芒 安 么女 不呵 沙克 巴撒日诶
中文 不好意思，我们每个人配额一份套餐。

法文 Vous avez fini?
谐音 乌 匝维 夫一尼
中文 您用餐结束了吗？

法文 Oui, vous pouvez reprendre le couvert.
谐音 乌一，乌 布维 喝扑航的呵 乐 姑外呵
中文 是的。可以把盘子收走了。

旅行必备篇

法文 Pas encore, pourriez-vous me donner de l'eau?

谐音 巴 脏告呵，不合一耶 乌 么 刀内 德 漏

中文 还没有，能给我一杯白开水吗？

法文 Pourriez-vous me donner le repas pour les malades de diabète?

谐音 不合一耶 乌 么 刀内 了 呵罢 不呵 类 妈辣的 德 迪牙拜特

中文 能否给我一份糖尿病患者食物？

法文 Est-ce que je peux commander des plats à la carte?

谐音 哀斯哥 热 波 高芒德诶 德诶 普拉 阿 拉 嘎 呵特

中文 我可以自己点餐吗？

法文 Oui, puisque vous êtes passager de la première classe.

谐音 乌一，不玉斯克 乌 在特 巴撒日诶 德 拉 普呵 迷页呵 克拉斯

中文 可以，一等舱的客人都可以自己点餐。

下飞机后

法文 Où est-ce qu'on peut changer de l'argent?

谐音 务 哀-斯 工 波 商日诶 德 拉呵让

中文 请问在哪儿可以兑换纸币？

法文 Je voudrais avoir de la monnaie.
谐音 热 乌的咳 阿乌瓦呵 德 拉 德诶 猫耐
中文 我需要换一些零钱。

法文 Je pourrais changer des RMB en euros?
谐音 热 不咳 商日诶 德诶 很民币 昂 呢后
中文 我能把人民币换成欧元吗？

法文 Parlez-vous français?
谐音 巴呵雷-乌 夫航赛
中文 你可以说法语吗？

法文 Où est-ce que je peux trouver un téléphone public?
谐音 务 哀-斯 哥 热 波 特呼位 安 德诶雷夫奥呢 不愚波力克
中文 请问哪里有公用电话？

法文 Où est-ce que je peux trouver les toilettes?
谐音 务 哀-斯 哥 热 波 特呼位 类 杜瓦赖特
中文 请问哪里有公共厕所？

相关词汇

法文	avion(n.m.)	vol(n.m.)
谐音	阿乌一用	乌凹了
中文	飞机	航班

法文	aéroport(n.m.)	aérogare(n.f.)
谐音	阿诶蒿报呵	阿诶蒿嘎呵
中文	机场	航空货运站

法文	salle d'attente(n.f.)	départ(n.m.)
谐音	萨了 搭当特	德诶巴呵
中文	候机大厅	出港，离港

法文	arrivée(n.f.)	ligne(n.f.)
谐音	阿呵一为	立涅
中文	到港	航线

法文	ligne directe(n.f.)	décollage(n.m.)
谐音	立涅 低害克的呵	德诶高辣日
中文	直达航线	起飞

法文	atterrissage(n.m.)	billet d'avion(n.m.)
谐音	阿呆呵一萨日	逼页 搭乌一用
中文	着陆	机票

法文	cabine de pilotage(n.f.)	cabine de luxe(n.f.)
谐音	嘎必呢 德 逼涝大日	嘎必呢 德 率克斯
中文	驾驶舱	豪华舱

法文	cabine de première classe(n.f.)	cabine de classe affaires(n.f.)
谐音	嘎必呢 德 普喝咪页呵 克拉斯	嘎必呢 德 克拉斯 阿夫艾呵
中文	头等舱	商务舱

法文	cabine de classe économique(n.f.)	magasin hors taxe(n.m.)
谐音	嘎必呢 德 克拉斯 诶高孬密克	妈嘎赞 奥呵 大克斯
中文	经济舱	免税店

（2）出租车

法文 Appelez-moi un taxi, s'il vous plaît.
谐音 阿波雷-母瓦 安 搭克系，丝一了 乌 扑赖
中文 请为我叫辆出租车。

法文 Oui, un instant.
谐音 乌一，安 喃斯荡
中文 好的，请稍等。

法文 Je voudrais un taxi à l'hôpital, je l'attends à l'entrée.
谐音 热 乌的咳 安 搭克系 阿 搂逼大了，热 拉当 阿 朗特嘿
中文 请派辆出租车到医院好吗？我会在大门处等候。

法文 D'accord, s'il n'y a pas de problème, il arrivera dans cinq minutes.
谐音 搭告呵，系了 尼 亚 巴 德 普号波赖么，一 拉 合一乌哈 当 三克 米女特
中文 好的，如果没有意外，五分钟以后就可以到。

法文 Je voudrais descendre à la rue de Parc.
谐音 热 乌的咳 德诶丧的呵 阿 拉 合玉 德 罢呵克
中文 请让我在公园路下车。

法文 Nous arriverons dans combien de temps?
谐音 努 匹合一乌轰 当 工鼻燕 德荡
中文 还需要多长时间我们才能到?

法文 Il y a des embouteillages, il nous faut environ trente minutes.
谐音 衣 里 亚 德诶 脏不带亚日，衣了 努 夫哦 昂乌一轰 特航特 米女特
中文 这条路上交通阻塞，或许我们需要30分钟吧!

法文 Dix minutes, ça suffit.
谐音 低 米女特，撒 须夫异
中文 10分钟足够了。

法文 Ça dépend de la circulation.
谐音 撒 德诶傍 德 拉 西呵哥愚拉熊
中文 不好说，这要看交通状况了。

法文 Il faut combien de temps pour aller à l'Aéroport de la capitale?
谐音 衣了 夫哦 工鼻燕 德荡 不呵 阿雷 阿 拉艾蒿 抱呵 德 拉 嘎逼大了
中文 到首都机场要几分钟?

法文 Nous pouvons y arriver avant sept heures.
谐音 努 不翁 一 阿合一威 阿旺 塞 的呵
中文 七点之前可以到达。

法文 Pourriez-vous allumer la climatisation?
谐音 不合一页 乌 阿旅梅 拉 克利吗低匝熊
中文 可以把空调打开吗？

法文 Oui, mais il faut des frais supplémentaires.
谐音 乌二，麦 衣了 夫哦 德诶 夫害 续扑雷芒代呵
中文 好的，可是您需要支付额外的费用。

法文 Doucement, s'il vous plaît. Ma tête tourne.
谐音 督斯芒，丝一了 乌 扑赖。妈 代特 度呵呢
中文 能否慢点儿开？我有点儿晕车。

法文 Ça coûte combien, la course?
谐音 撒 故特 工鼻燕，拉 故呵斯
中文 车费多少钱？

法文 Y compris le pourboire?
谐音 衣 工扑合一 乐 不呵布瓦呵
中文 包括小费了吗？

法文 Je pourrais avoir le reçu?
谐音 热 不咳 阿乌瓦呵 乐 喝续
中文 能给我打印发票吗？

旅行必备篇

法文 Désolé, il n'y a plus de papier dans l'imprimante.
谐音 德诶遭累，衣了 尼 亚 扑绿 德 扒皮页 当 兰 扑合一芒特
中文 很抱歉，没有打印纸了。

（3）火车

法文 Je voudrais un billet de train pour Lyon.
谐音 热 乌的咳 安 逼页 德 特汉 不呵 离用
中文 要一张去里昂的火车票。

法文 A quelle date et par quel train?
谐音 阿 盖了 大特 艾 巴呵 盖了 特汉
中文 哪天的？哪班车？

法文 Je voudrais un billet express pour aujourd'hui pour Lyon, en wagon-lit de première classe.
谐音 热 乌的咳 安 逼页 艾克斯普咳斯 不呵 欧入呵 德玉一 不呵 离用，昂 瓦工 力 德 拉 扑喝米 页呵 克拉斯
中文 我要一张今天开往里昂的特快一等卧铺票，有吗？

法文 Votre billet, s'il vous plaît.
谐音 乌奥特呵 逼页, 丝一了 乌 扑赖
中文 请出示您的车票。

法文 Sur quel quai est-ce que j'attends mon train?
谐音 须呵 盖了 给 哀 斯 哥 日阿当 蒙 特汉
中文 请问火车在第几站台?

法文 Où est ma place, s'il vous plaît?
谐音 务 艾 妈 普拉斯, 丝一了 乌 扑赖
中文 请问我的座位在哪里?

法文 Pourriez-vous m'aider à monter mes bagages sur le filet?
谐音 不合一页 乌 麦德诶 阿 蒙德诶 没 巴嘎日 须呵 乐 夫一页
中文 您能帮忙把我的行李放到行李架上吗?

法文 Vous avez pris ma place.
谐音 乌 匝维 扑合一 妈 普拉斯
中文 您坐错位置了。

法文 Pardon? Il faut que je revoie mon billet.
谐音 巴呵东? 衣了 夫哦 哥 热 和乌瓦 蒙 逼页
中文 是吗?让我核对一下我的车票好吗?

法文 Désolé, je me suis trompé.
谐音 德诶遭累, 热 么 随 特烘焙
中文 对不起,是我大意了。

法文 Je pourrais changer pour un billet de wagon-lit?
谐音 热 不咳 商日诶 不呵 逼页 德 瓦工 力
中文 请问我可以换成卧铺票吗?

法文 Vous pouvez le faire au wagon huit.
谐音 乌 不维 乐 夫艾呵 欧 瓦工 玉特
中文 您可以在8号车厢办理换票手续。

法文 A quelle heure le wagon-restaurant ouvre-t-il?
谐音 阿 该 乐呵 勒 瓦工 咳斯刀航 乌乌呵 地了
中文 餐车几点开饭？

相关词汇

法文	train(n.m.)	gare(n.f.)
谐音	特汗	嘎呵
中文	火车	火车站

法文	gare de départ(n.f.)	gare de passage(n.f.)
谐音	嘎呵 德 德诶罢呵	嘎呵 德 巴萨日
中文	始发站	途经站

法文	gare d'arrivée(n.f.)	billet de train(n.m.)
谐音	嘎呵 搭呵一为	逼页 德 特汗
中文	终点站	火车票

法文	consigne(n.f.)	quai(n.m.)
谐音	工丝一涅	哥诶
中文	行李寄存处	站台

法文	horaire des trains(n.m.)	train spécial(n.m.)
谐音	凹害呵 德诶 特汗	特汗 斯贝丝一亚了
中文	火车时刻表	专列

法文	train express(n.m.)	train rapide(n.m.)
谐音	特汗 艾克斯普害斯	特汗 哈必的
中文	快车	特快列车

法文	train omnibus(n.m.)	train direct(n.m.)
谐音	特汗 凹么尼波玉斯	特汗 低害克特
中文	慢车	直达列车

法文	TGV(n.m.)	wagon(n.m.)
谐音	德诶 日诶为	哇共
中文	（法国）高速列车	车厢

法文	wagon-lit(n.m.)	wagon-restaurant(n.m.)
谐音	哇共-立	哇共-嗨斯刀沆
中文	卧铺车厢	餐车

法文	wagon fumeurs(n.m.)	wagon non fumeurs(n.m.)
谐音	哇共 夫玉磨呵	哇共 农 夫玉磨呵
中文	吸烟车厢	禁烟车厢

旅行必备篇

（4）地铁

法文 C'est le métro direction Boulevard Saint-Michel?
谐音 塞 勒 没特后 低咳克熊 布勒瓦呵 三 咪师艾了
中文 这是去圣米歇尔大街方向的地铁吗?

法文 Deux tickets pour l'Arc de Triomphe.
谐音 德 低盖 不呵 辣呵科 德 特合一用夫
中文 要两张去凯旋门的地铁票。

法文 Pourriez-vous me dire comment composter le ticket?
谐音 不合一页 乌 么 地呵 高芒 工保斯德诶 乐 低盖
中文 你能告诉我怎么使用地铁票吗?

法文 Pourriez-vous me montrer comment utiliser la machine à composter?
谐音 不合一页 乌 么 蒙特黑 高芒 愚低利资诶 拉 妈师一呢 阿 工保斯德诶
中文 您能为我示范一下怎么用售票机吗?

法文 Quand arrive le prochain métro, s'il vous plaît?
谐音 刚 阿合一乌 勒 普号善 没特后，丝一了 乌 扑赖
中文 请问下一班地铁几点进站?

（5） 租车

法文 Ça coûte combien pour louer cette voiture?
谐音 撒 故特 工鼻燕 不呵 卢诶 塞特 乌瓦的玉呵
中文 租这辆车要多少钱?

法文 Vous-voulez la prendre pour combien de temps?
谐音 乌 乌雷 拉 普航的呵 不呵 工鼻燕 德 荡
中文 您要租用多长时间?

法文 Quel type de voiture voulez-vous?
谐音 盖了 地普 德 乌瓦的玉呵 乌雷 乌
中文 您需要什么样的车呢?

法文 Avez-vous des voitures économiques?
谐音 阿威 乌 德诶 乌瓦的玉呵 诶高孬密克
中文 你有经济型车吗?

2 遇到不便

（1）语言不通

法文 Je ne parle pas français.
谐音 热 呢 巴呵了 巴 夫航赛
中文 我不会讲法语。

法文 Pardon?
谐音 巴呵东
中文 你说什么?

法文 Pourriez-vous parler avec des mots simples?
谐音 不合一页 乌 巴呵雷 阿外克 德诶 谋 散普勒
中文 请您用简单点儿的措辞好吗?

法文 Je n'arrive pas à bien méxprimer.
谐音 热 那合一乌 巴 阿 鼻燕 麦克斯扑合一妹
中文 我表达不清楚。

法文 Nous voulons trouver un guide qui parle chinois.
谐音 努 乌龙 特乎为 安 哥一的 哥异 巴呵了 师一 努瓦
中文 我们想请一位会说汉语的导游。

法文 Je ne sais pas comment le dire en français.
谐音 热 呢 塞 巴 高芒 乐 地呵 昂 夫航赛
中文 我不知道这用法语怎么说。

法文 Je ne comprends pas ce que vous dites.
谐音 热 呢 工普航 巴 色 哥 乌 地特
中文 我没听懂你在说什么。

（2）迷路

法文 Où sommes-nous maintenant?
谐音 务 搔么 努 曼特囊
中文 我们现在是在什么地方呢?

法文 Pourriez-vous nous indiquer notre place sur la carte?
谐音 不合一页 乌 努 簪低哥诶 夯特呵 普拉斯 须呵 拉 嘎呵特
中文 请指出我们现在在地图上的位置好吗?

法文 Pourriez-vous nous dire comment aller à la gare?
谐音 不合一页 乌 努 地呵 高芒 阿雷 阿 拉 嘎呵
中文 您能告诉我们怎样去火车站吗?

法文 Comment est-ce que je peux y arriver?
谐音 高芒 哀 斯 哥 热 波 衣 阿合一位
中文 我怎样才能到那儿?

旅行必备篇

>法文< Y a-t-il un arrêt de bus près d'ici?
>谐音< 亚 低 了 安 那害 德 波玉斯 普咳 低系
>中文< 请问这附近有公交车站吗?

>法文< Nous pourrions prendre quelle route pour échapper aux embouteillages?
>谐音< 努 不合一用 普航的呵 盖了 户特 不呵 艾莎贝欧 脏不带亚日
>中文< 哪条线路不堵车?

>法文< Nous pouvons y aller à pied? C'est loin?
>谐音< 努 不翁 一 亚雷 阿 皮页? 塞 卢安
>中文< 能走着去吗? 远不远?

>法文< Ça met combien de temps à pied?
>谐音< 萨 麦 工鼻燕 的 荡 阿 皮页
>中文< 步行要多长时间?

(3) 生急病

>法文< J'ai froid, et je tremble.
>谐音< 日艾 夫胡瓦,艾 热 特航波了
>中文< 我突然觉得冷,并且发抖。

>法文< Il me faut voir le médecin, le plut tôt possible.
>谐音< 衣了 么 夫哦 乌瓦呵 乐 没德散,乐 普绿 逗 包系波了
>中文< 我要见医生,越快越好。

法文 Au secours!
谐音 欧 色故呵
中文 救命啊!

法文 Elle a le vertige.
谐音 艾 拉 乐 外呵地日
中文 她晕过去了。

法文 Il a besoins de traitements urgents.
谐音 衣 拉 波足安 德 特咳特芒 愚呵让
中文 他需要急救!

法文 Appelez le médecin!
谐音 阿波雷 乐 没德散
中文 快叫大夫!

(4) 丢失物品

法文 J'ai perdu mon passeport.
谐音 日诶 掰呵的玉 蒙 巴斯抱呵
中文 我的护照丢了。

法文 Je ne peux pas trouver ma carte de crédit.
谐音 热 呢 波 巴 特护位 妈 嘎呵特 德 可黑地
中文 我找不到我的信用卡了。

法文 Comment faire?
谐音 高芒 夫艾呵
中文 我该怎么办?

法文 Je n'ai plus mon portefeuille.
谐音 热 乃 普绿 蒙 包呵特夫恶耶
中文 我的钱包没了。

法文 C'est très urgent?
谐音 塞 特咳 玉呵让
中文 情况紧急!

法文 Il y a quelqu'un?
谐音 衣 里 亚 该了甘
中文 来人呀!

法文 Aidez-moi!
谐音 挨德诶 母瓦
中文 帮帮我!

法文 Au voleur!
谐音 欧 乌奥乐呵
中文 小偷!

法文 Appelez la police.
谐音 阿波雷 拉 包力斯
中文 叫警察。

法文 D'accord.
谐音 搭告呵
中文 好的。

法文 Appelez quelqu'un pour nous aider.
谐音 阿波雷 该了干 不呵 努 栽德诶
中文 快叫人帮忙。

旅行必备篇

3 宾馆住宿

法文 Bienvenu. Je peux vous aider?
谐音 鼻燕窝女。热 波 乌 栽德诶
中文 欢迎光临。能为您效劳吗?

法文 Je voudrais une chambre.
谐音 热 乌的咳 与呢 上波呵
中文 我要登记入住。

法文 Je peux avoir votre nom?
谐音 热 波 阿乌瓦呵 乌奥特呵 农
中文 能告诉我你的尊姓大名吗?

法文 Pourriez-vous remplir ce formulaire?
谐音 不合一页-乌 航普利呵 色 夫奥和么玉赖呵
中文 请填写这张登记表好吗?

法文 Votre passeport, s'il vous plaît.
谐音 乌奥特呵 巴斯抱呵,丝一了 乌 扑赖
中文 请出示您的护照。

法文 Pourriez-vous me montrer votre carte d'identité?

谐音 不合一页-乌 么 蒙特黑 乌奥特呵 嘎呵特 低当低德诶

中文 我能看看您的身份证件吗?

法文 Pourriez-vous me dire votre date de départ?

谐音 不合一页-乌 么 地呵 乌奥特呵 大特 德 德诶巴呵

中文 请告诉我退房时间,好吗?

法文 Je voudrais une chambre avec un lit.

谐音 热 乌的咳 与呢 上波呵 阿外克 安 力

中文 我想要一间单人房。

法文 Nous avons beaucoup de chambres libres.

谐音 努 匝翁 伯故 德 上波呵 力波呵

中文 我们有很多单人房空着。

法文 Je voudrais une chambre tranquille, qui ne donne pas sur la route.

谐音 热 乌的咳 与呢 上波呵 特航哥异了,哥异 呢 刀呢 巴 须呵 拉 户特

中文 我想要一个不靠路边的、安静的房间。

法文 Ça coûte combien la nuit?

谐音 撒 故特 工鼻燕 拉 女异

中文 每晚房费是多少?

旅行必备篇

法文 Vous avez une chambre moins chère?
谐音 乌 匝维 与呢 上波呵 母安 师艾呵
中文 您有稍微便宜点儿的房间吗？

法文 Qu'est-ce qu'il y a dans la chambre?
谐音 该 斯 哥一 里 亚 当 拉 上波呵
中文 房间里有什么设施？

法文 Le porteur vous accompagnera à la chambre.
谐音 勒 包呵的呵 乌 匝工巴涅哈 阿 拉 上波呵
中文 行李员会带你们到房间的。

法文 Je me renseigne sur votre réservation.
谐音 热 么 航塞涅 须呵 乌奥特呵 黑栽呵瓦熊
中文 我检查一下您的预订记录。

法文 Vous payez comment?
谐音 乌 掰页 高芒
中文 您将如何付款呢？

法文 Je pourrais payer avec la carte de Crédit lyonnais?
谐音 热 不咳 掰页 阿外克 拉 嘎呵特 德 可黑地 离邀耐
中文 我可以用里昂信贷的信用卡吗？

法文 Votre numéro de téléphone, s'il vous plaît.

谐音 乌奥特呵 女没后 德 德诶雷夫奥呢，丝 了 乌 扑赖

中文 请留下您的电话号码。

法文 Je ne sais pas si vous avez le service de réveil.

谐音 热 呢 塞巴系 乌 匝维 勒 塞呵乌异斯 德 黑外耶

中文 不知道你们饭店是否有叫早服务。

法文 Pourriez-vous me réveiller à sept heures?

谐音 不合一页-乌 么 黑外页 阿 塞 的呵

中文 请在7点叫我起床。

法文 Quand est-ce qu'on sert le petit déjeuner?

谐音 刚 哀 斯-工 塞呵 勒 波迪 德诶热内

中文 你们什么时候供应早餐？

法文 Je peux faire un appel longue distance?

谐音 热 波 夫艾呵 安 那拜了 龙哥 低斯荡斯

中文 电话能打长途吗？

法文 Où est-ce que je peux faire la lessive?

谐音 务 哀-斯 哥 热 波 夫艾呵 拉 来系乌

中文 衣服送到哪里洗呢？

旅行必备篇

法文 Nous sommes à votre service vingt-quatre heures sur vingt-quatre.

谐音 努 搔么 阿 乌奥特呵 塞呵乌一斯 万 嘎特呵 恶呵 须呵 万 嘎特呵

中文 我们前台提供24小时服务。

法文 La note, s'il vous plaît.

谐音 拉 闹特,丝一了 乌 扑赖

中文 我准备结账。

法文 Pouvez-vous me donner le détail de la note?

谐音 不维 乌 么 刀内 勒 德诶大耶 德 拉 闹特

中文 能给我明细表吗?

三、市民必会篇

1 寒暄问候

（1）日常问候

法文 Bonjour!
谐音 嘣入呵
中文 你好！

法文 Bonne journée / Bon après-midi / Bonne soirée.
谐音 包呢 入呵内/包 呐扑咳 咪地/包呢 苏瓦嘿
中文 早上/下午/晚上好。

法文 Bonne nuit!
谐音 包呢 女异
中文 晚安！

（2）初次见面

法文 Ravis de vous connaître.
谐音 哈乌一 德 乌 高耐特呵
中文 很高兴认识您。

法文 Je suis né en Chine.
谐音 热 随 内 昂 师意呢
中文 我出生在中国。

法文 Ma ville natale est Paris.
谐音 妈 乌一了 那大了 艾 巴合异
中文 我的故乡是巴黎。

法文 Je viens pour le travail.
谐音 热 乌一安 不呵 乐 特哈瓦耶
中文 我因公事而来。

法文 Vous avez été en France il y a combien de temps?
谐音 乌 匝维 诶德诶 昂 夫航斯 衣 里 亚 工鼻燕 德 荡
中文 您来法国多长时间了?

法文 Je suis arrivé la semaine dernière.
谐音 热 随 杂合一位 拉 色埋呢 待呵尼页呵
中文 上星期刚来。

法文 Vous allez rester combien de temps?
谐音 乌 匝雷 咳斯德诶 工鼻燕 德 荡
中文 你在这儿待到什么时候?

法文 Jusqu'au mois prochain.
谐音 日愚斯沟 母瓦 普号善
中文 待到下个月。

法文 Parlez-vous français?
谐音 巴呵雷 乌 夫航塞
中文 你说法语吗?

法文 Pardon, je ne parle pas français.
谐音 巴呵动,热 呢 巴呵了 巴 夫航塞
中文 很遗憾,我不会法语。

法文 Très peu / Un peu.
谐音 特咳 籔/安 籔
中文 一点儿/一些。

法文 Je comprends quelques formules.
谐音 热 工普航 盖了个 夫奥呵么玉了
中文 我会一点儿日常会话。

(3) 久别重逢

法文 Ça fait long temps qu'on ne s'est pasvu.
谐音 撒 夫艾 隆 当 工 呢 塞 巴 乌玉
中文 好久不见。

法文 Je ne pouvais pas te reconnaître!
谐音 热 呢 不外 巴 德 呵高耐特呵
中文 我都认不出你了!

法文 Oui, tu vas bien?
谐音 乌一,的愚 娃 鼻燕
中文 是呀,你还好吗?

法文 Oui, très bien.
谐音 乌一，特咳 鼻燕
中文 嗯，挺好的。

法文 Comment ça va ces jours-ci?
谐音 高芒 撒 娃 塞 入呵 系
中文 最近怎么样？

法文 Qu'est-ce que tu fais ces jours-ci?
谐音 该 斯 哥 的愚 夫艾 塞 入 呵 系
中文 最近忙什么呢？

法文 Je travaille.
谐音 热 特哈瓦耶
中文 上班呗。

法文 Rien de particulier.
谐音 合一安 德 巴呵低哥愚离页
中文 没忙什么。

法文 Tu n'as pas changé.
谐音 的愚 那 巴 商日诶
中文 你一点儿都没变。

法文 Tu es comme avant.
谐音 的愚 艾 告么 阿旺
中文 你还是老样子。

法文 Tu as grandi.
谐音 的愚 阿 哥航地
中文 你长大了。

法文 Tu es de plus en plus jolie.
谐音 的愚 艾 德 普绿 脏 普绿 娆力
中文 你越来越漂亮了。

法文 Il paraît que tu vas bien.
谐音 衣了 巴咳 哥 的愚 瓦 鼻燕
中文 你看上去不错。

法文 Tu as grossi / maigri ces jours-ci?
谐音 的愚 阿 哥后系/麦哥合一 塞 入呵 系
中文 最近你是不是胖了/瘦了?

法文 Peut-être.
谐音 波 带特呵
中文 好像是吧。

(4) 碰到友人

法文 Bonjour!
谐音 嘣入呵
中文 你好!(一天中常用的寒暄用语)

法文 Ça va?
谐音 撒 娃
中文 你好吗?

法文 Très bien.
谐音 特咳 鼻燕
中文 非常好。

法文 Pas très bien.
谐音 巴 特咳 鼻燕
中文 不怎么好。（用于身体状况不好或是有其他什么不好的事时）

法文 Comment est votre santé?
谐音 高芒 艾 乌奥特呵 桑德诶
中文 你的身体怎么样?

法文 Comme toujours.
谐音 告么 督入呵
中文 老样子。

法文 Comment va votre famille?
谐音 高芒 哇 乌奥特呵 发密耶
中文 你的家人怎么样?

法文 Ils vont bien.
谐音 衣了 翁 鼻燕
中文 大家都很好。

法文 Comment est votre travail?

谐音 高芒 艾 乌奥特呵 特哈哇耶

中文 工作怎么样?

法文 Ça va.

谐音 撒 哇

中文 还可以。

法文 Vous avez passez une bonne journée?

谐音 乌 匝维 巴斯诶 与呢 报呢 入呵内

中文 今天怎么样?

法文 Comme si comme ça.

谐音 高么 西 高么 萨

中文 还凑合吧。

法文 Comme toujours.

谐音 告么 督入呵

中文 和往常一样。

2 介绍

(1) 介绍自己／他人

法文 Je m'appelle...
谐音 热 妈拜了
中文 我叫……

法文 Appelez-moi...
谐音 阿波雷 母瓦
中文 请叫我……

法文 Madame Blanc, C'est notre directeur, Monsieur Dupont.
谐音 妈达么 不浪，塞 挠特呵 低咳克的呵，么学的愚嘣
中文 布朗女士，这位是我们的主任杜邦先生。

法文 Je te présente mon ami.
谐音 热 德 普黑脏特 蒙 那密
中文 我给你介绍一下我的朋友。

(2) 对介绍的回应

法文 Enchanté.
谐音 昂商德诶
中文 很高兴认识您。

法文 Moi aussi, enchanté.
谐音 母瓦 哦系，昂商德诶
中文 认识您我也很高兴。

法文 Quel est votre nom?
谐音 该 来 乌奥特呵 弄
中文 您贵姓？

法文 Je suis très content / honoré de faire votre connaissance.
谐音 热 随 特咳 工荡/奥孬嘿 德 夫艾呵 乌奥特呵 高耐桑斯
中文 能认识您我觉得非常高兴/荣幸。

法文 Est-ce que nous nous sommes déjà vus?
谐音 哀-斯 哥 努 努 搔么 德诶 日阿 乌玉
中文 我们是不是在哪儿见过面？

法文 Non, je ne pense pas.
谐音 弄，热 呢 邦斯 巴
中文 不，我想没见过。

法文 Vous ne me reconnaissez pas?
谐音 乌 呢 么 呵高耐斯诶 巴
中文 你不认识我吗？

法文 Il semble que je vous connais de vue.
谐音 衣了 桑伯了 哥 热 乌 高耐 德 乌玉
中文 你看上去很面熟。

法文 Vous vous souvenez?
谐音 乌 乌 苏沃内
中文 想起来了吗？

法文 Tu ne te souviens pas?
谐音 的愚 呢 德 苏无一安 巴
中文 你不记得了？

法文 Ah! Oui, vous êtes Monsieur Dupont.
谐音 阿！乌一，乌 栽特 么学 的愚嘣
中文 啊！对了，你是杜邦先生。

法文 Oh, oui, je vous connais.
谐音 哦，乌一，热 乌 高耐
中文 哦，是的，我认识你。

法文 Je vous connais, mais je ne me souviens plus de votre nom.
谐音 热 乌 高耐，麦 热 呢 么 苏无一安 普绿 德 乌奥特呵 弄
中文 我认识你，可是我忘了你叫什么。

法文 Je ne suis pas sûr, peut-être que nous nous sommes déjà vus.

谐音 热 呢 随 巴 续呵，波 带 特呵 个 努 努 搔么 德诶 日阿 乌玉

中文 我不敢肯定，也许在哪儿见过。

法文 Non, C'est notre première rencontre.

谐音 弄，塞 闹 特呵 普呵咪页呵 航共特呵

中文 没见过，这是我们第一次见面。

3 邀请

（1）发出邀请

法文 Je voudrais t'inviter à dîner samedi prochain.
谐音 热 乌得咳 丹乌一 德诶 阿 堤内 撒么堤 普号善
中文 我想邀请你下星期六晚吃饭。

法文 Voulez-vous prendre le déjeuner / le dîner avec nous?
谐音 乌雷 乌 普航的呵 乐 德诶热内/乐 堤内 阿外克 努
中文 跟我们一起吃午餐/晚餐吧？

法文 Voulez-vous venir avec nous?
谐音 乌雷 乌 窝尼呵 阿外克 努
中文 想跟我们一起吗？

法文 Vous nous ferez un grand grand honneur, si vous participez à notre fête d'adieux samedi.
谐音 乌 努 夫额黑 哥航 刀呢恶呵, 西 乌 巴呵低西 贝 阿 闹特呵 夫艾特 搭迪月 撒么地
中文 如果你星期六能来参加我们的欢送会，我们将深感荣幸。

法文 Tu es libre ce soir?
谐音 的愚 艾 力波呵 色 苏瓦呵
中文 你今晚有空儿吗？

市民必会篇

法文 Voulez-vous participer à notre fête d'adieux samedi?

谐音 乌雷 乌 巴呵低西贝 阿 闹特呵 夫艾特 搭迪月 撒么滴

中文 你愿意本周六参加我们的欢送会吗？

法文 Nous serons très contents, si tu viens.

谐音 努 色轰 特咳 工荡，系 的愚 无一安

中文 如果你能来，我们将会非常高兴。

法文 Nous allons au cinéma ce soir?

谐音 奴 匡龙 哦 希内麻 色 苏瓦呵

中文 今晚我们一起去看电影吧？

法文 Je pourrais t'inviter chez moi?

谐音 热 不咳 丹无一 德诶 师诶，母瓦

中文 请你来我家做客好吗？

法文 Nous pourrious prendre un rendez-vous la semaine prochaine?

谐音 努 不呵一用 普航的呵 安 航德诶 乌 拉 色埋呢 普号晒呢

中文 我们下周安排个时间见面吧？

（2）对邀请的回应

法文 Excusez-moi, j'ai un empêchement demain matin, je suis désolé de ne pas pouvoir accepter votre invitation.

谐音 埃克斯哥愚 资诶 母瓦，热诶 安 囊胙师芒 的曼妈但，热 随 德诶遭累 德 呢 巴 不乌瓦呵 阿克塞泼德诶 乌奥特呵 安无一搭熊

中文 实在不好意思，我明天上午有点儿急事儿，不能参加你的邀请了。

法文 Merci pour votre invitation, j'arriverai à l'heure.

谐音 麦呵系 不呵 乌奥特呵 安无一搭熊，日阿 合一乌黑 阿 乐呵

中文 谢谢你的邀请，我一定准时赴约。

法文 Je vais y aller, c'est entendu!

谐音 热 维 衣 亚雷，塞 当当的玉

中文 太好啦，我一定去！

法文 Je peux y aller avec ma copine?

谐音 热 伯 衣 亚雷 阿外克 ，妈 高必呢

中文 我可以顺便把我的女朋友带去吗？

法文 D'accord, à ce soir!

谐音 搭告呵，阿 色 苏瓦呵

中文 好的，那就晚上见！

4 拜访

（1）拜访前

法文 Il y a quelqu'un?
谐音 衣 力 亚 该了甘
中文 有人吗？

法文 Qui est-ce?
谐音 哥异 哀 斯
中文 谁呀？

法文 Monsieur Wang est-il à la maison?
谐音 么穴 王 艾 迪了 阿 拉 麦宗
中文 请问王先生在吗？

法文 Bienvenu, entrez!
谐音 鼻燕窝女，昂特嘿
中文 欢迎，请进！（可以用于各种场合）

法文 Excusez-moi, il fallait que je téléphone d'abord.
谐音 埃克斯哥愚 资诶-母瓦，衣了 发来 哥 热 德诶 雷夫奥呢 搭报呵
中文 对不起，来之前我应该打个电话。

法文 Soyez le bienvenu!
谐音 苏瓦页 乐 鼻燕窝女
中文 欢迎光临!

法文 C'est gentil de venir.
谐音 塞 让地 德 窝尼呵
中文 你能来，太好啦!

法文 Merci d'être venu!
谐音 麦呵系 带特呵 窝女
中文 谢谢光临!

（2）拜访中

法文 Prenez vos aises, faîtes comme chez vous.
谐音 普呵内 乌哦 在资，夫艾特 告么 师诶 务
中文 别客气，像在自己家一样。

法文 Asseyez-vous.
谐音 阿塞椰 乌
中文 请坐吧。

法文 Merci.
谐音 麦呵系
中文 谢谢。

法文 Amusez-vous.
谐音 阿么愚 资诶-乌
中文 您尽兴。

法文 Qu'est-ce que vous voulez boire?
谐音 该-斯 哥 乌 乌雷 布瓦呵
中文 您喝点儿什么吗?

法文 Je voudrais de la bière.
谐音 热 乌的咳 德 拉 鼻页呵
中文 我要啤酒。

法文 Excusez-moi de ne pas vous répondre, je suis très occupé.
谐音 埃克斯哥愚 资诶-母瓦 德 呢 巴 乌 黑泵的 呵, 热 随 特咳 遭哥愚贝
中文 对不起,我太忙了,顾不上和你说话。

法文 Je voudrais me laver les mains.
谐音 热 乌的咳 么 拉位 雷 曼
中文 我想用一下洗手间。

法文 Oui, allez-y!
谐音 乌一, 阿雷 资一
中文 当然可以,请吧!

法文 Je pourrais utiliser votre téléphone?
谐音 热 不咳 愚低力资诶 乌奥特呵 德诶雷夫奥呢
中文 可以借用一下您的电话吗?

法文 Je dois partir.
谐音 热 毒哇 巴呵地呵
中文 我得告辞了。

法文 Merci beaucoup pour votre réception.
谐音 麦呵系 波哦故 不呵 乌奥特呵 黑塞泼熊
中文 非常感谢您的盛情款待。(用于要离开主人家时表示感谢的心情)

法文 Nous sommes très contents de votre arrivée aujourd'hui.
谐音 努 扫么 特咳 工荡 德 乌奥特呵 阿合一位 欧入呵的鱼异
中文 您今天能来,我非常高兴。

法文 Nous attendons votre prochaine visite si vous avez du temps libre.
谐音 努 匝当东 乌奥特呵 普号晒呢 乌一 兹一特 乌匝为 德玉 当 力波呵
中文 有空儿再来串门吧。

法文 Merci. Avec plaisir.
谐音 麦呵系。阿外克 普来资异呵
中文 谢谢。好的。

法文 Vous permettez si je fume?

谐音 乌 掰呵麦德诶 系 热 夫玉么

中文 您介意我抽烟吗？（回答这个问题的时候，不允许时用si，允许时用Non，与平时回答相反。）

法文 Non, allez-y.

谐音 弄，阿雷 资异

中文 不介意，你抽吧。

法文 Vous avez une belle maison.

谐音 乌 匝维 与呢 掰了 麦宗

中文 您的房子真好。

5 分别

法文 Au revoir!
谐音 噢呵 乌瓦呵
中文 再见!(分手时最常用的寒暄用语)

法文 Au revoir, soignez-vous bien!
谐音 噢呵 乌瓦呵,苏瓦聂 乌 鼻燕
中文 再见,保重啊!

法文 Bonne journée!
谐音 包呢 入呵内
中文 祝你今天愉快!

法文 A plus tard!
谐音 阿 普绿 大呵
中文 以后见!

法文 A bientôt!
谐音 阿 鼻燕豆
中文 回头见!

法文 Je vous laisse.
谐音 热 乌 赖斯
中文 我得告辞了。

法文 Bonne chance!
谐音 包呢 尚斯
中文 祝你好运！（在对某人去旅行或去做一件比较难的事情时使用）

法文 Merci, toi aussi.
谐音 麦呵系，读哇 哦系
中文 谢谢，你也是。

法文 Bon voyage!
谐音 崩 乌瓦亚日
中文 旅途愉快！（对要去旅行的人说的话）

法文 Soignez-vous!
谐音 苏瓦聂-乌
中文 那多保重！

法文 Il m'en coûte de vous quitter, mais...
谐音 衣了 芒 故特 德 乌 哥一 德诶，麦……
中文 真舍不得走，但是……

法文 Passe le bonjour à Paul de ma part.
谐音 巴斯 乐 嘣入呵 阿 报了 德 妈 罢呵
中文 请代我向保罗问好。

法文 J'espère que tu reviendras.
谐音 日艾斯掰呵 哥 的愚 呵乌一安的哈
中文 希望你能再来。

法文 Appelle-moi.
谐音 阿败了 母瓦
中文 给我打电话。

法文 Oui, je vais t'appeler.
谐音 乌一，热 维 搭波累
中文 嗯，我会的。

法文 Prends soin de toi-même.
谐音 普航 俗安 德 读哇 麦么
中文 你自己多保重。

法文 Ne t'inquiète pas pour moi!
谐音 呢 丹哥一艾特 巴 不呵 母瓦
中文 别担心我！

法文 Je reviendrai.
谐音 热 呵乌一安的嘿
中文 我还会来的。

法文 C'est entendu!
谐音 塞 当当的玉
中文 一定来啊！

市民必会篇

法文 Tu me manqueras.
谐音 的愚 么 芒克哈
中文 我会想你的。

法文 Passe le bonjour à ta famille de ma part.
谐音 巴斯 乐 嘣入呵 阿 搭 发密耶 德 妈 巴呵
中文 请代我向你的家人问好。

法文 Restons en contact.
谐音 咳斯东 昂 工大克特
中文 让我们保持联系。

法文 N'oubliez pas de m'écrire.
谐音 奴波里页 巴 德 梅克合异呵
中文 别忘了写信。

法文 Je n'oublierais pas.
谐音 热 奴波里页嘿 巴
中文 忘不了。

6 节庆生活祝福语

法文 Bonne année!
谐音 包 那内
中文 新年快乐!

法文 Joyeux Noël!
谐音 如瓦约 挠艾了
中文 圣诞快乐!

法文 Joyeux anniversaire!
谐音 如瓦约 匝尼外呵塞呵
中文 生日快乐!

法文 Félicitations!
谐音 非利西搭雄
中文 祝贺!

法文 Toutes mes / nos félicitations!
谐音 杜特 没/呢哦 非利西搭雄
中文 表示我/我们衷心的祝贺!

法文 Je vous félicite!
谐音 热 乌 非利系特
中文 祝贺您!

法文 Vous l'avez bien mérité!
谐音 乌 拉维 鼻燕 没合一 德诶
中文 这是您应得的!

法文 Je suis fier de toi.
谐音 热 随 夫一页呵 德 读哇
中文 我为你感到骄傲!

法文 Je suis vraiment heureux pour toi!
谐音 热 随 乌咳芒 额赫 不呵 读哇
中文 我真的为你感到高兴!

法文 C'est super!
谐音 塞 虚拜呵
中文 棒极了!

法文 Nous allons fêter ça!
谐音 奴 匝龙 夫艾 德诶 萨
中文 我们要庆祝!

法文 Nous allons arroser ça!
谐音 奴 匝龙 阿后资诶 萨
中文 我们要饮酒庆祝!

法文 Je vous souhaite la bonne santé!
谐音 热 乌 苏艾特 拉 包呢 桑德诶
中文 祝您身体健康!

法文 Je vous souhaite un grand succès!

谐音 热 乌 苏艾特 安 哥航 虚克塞

中文 祝您事业有成!

市民必会篇

四、日常话题篇

1 谈论天气

（1）询问天气情况

法文 Quel temps fait-il?
谐音 盖了 当 夫艾-地了
中文 天气怎么样?

法文 Quel temps fait-il aujourd'hui?
谐音 盖了 当 夫艾-地了 欧入呵的鱼异
中文 今天天气怎么样?

法文 Il va faire beau aujourd'hui?
谐音 衣了 哇 夫艾呵 波哦 欧入呵独一
中文 今天会是个好天气吗?

法文 Est-ce que tu sais quel temps il fera demain?
谐音 哀-斯 哥 的愚 塞 盖了 当 衣了 夫哈 的曼
中文 你知道明天天气会怎么样吗?

（2）天气预报

法文 Tu as écouté la météo ce matin?
谐音 的愚 阿 诶姑德诶 拉 梅德诶欧 色 妈丹
中文 你早上听天气预报了吗?

法文 J'écoute la météo tous les jours.
谐音 日诶姑特 拉 梅德诶欧 渡 雷 入呵
中文 我每天都听天气预报。

法文 Que dit la météo d'aujourd'hui?
谐音 哥 低 拉 梅德诶欧 兜入呵的鱼一
中文 今天的天气预报怎么报的?

法文 On annonce qu'il pleuvra ce soir.
谐音 哦 那农斯 哥一了 普勒乌哈 色 苏瓦呵
中文 天气预报说今天晚上有雨。

法文 Je pense que la météo n'est pas toujours correcte.
谐音 热 邦斯 哥 拉 梅德诶欧 乃 巴 督入呵 高害克特
中文 我认为天气预报不够准确。

（3）好天气

法文 Il fait un temps magnifique aujourd'hui!
谐音 衣了 夫艾 安 当 妈妮夫一克 欧入呵的鱼异
中文 今天的天气真好!

法文 Quel beau temps!
谐音 盖了 波哦 荡
中文 多好的天气啊!

法文 Il fait bon, n'est-ce pas?
谐音 衣了 夫艾 崩，奶斯 巴
中文 天气很好，不是吗？

法文 Il fait doux.
谐音 衣了 夫艾 度
中文 天气温和。

法文 Il fait frais.
谐音 衣了 夫艾 夫害
中文 天气凉爽。

法文 Il y a du soleil.
谐音 衣 力 亚 的愚 搔赖耶
中文 今天阳光明媚。

法文 Le temps est claire, sans nuages.
谐音 了 荡 艾 克赖呵，桑 女阿日
中文 天空晴朗，万里无云。

法文 Il ne fait ni froid, ni chaud.
谐音 衣了 呢 夫艾 尼 夫胡瓦，尼 受
中文 不冷也不热。

法文 Le temps est au beau fixe.
谐音 乐 荡 挨 兜 波哦 夫一克斯
中文 天气持续晴好。

法文 Le ciel se dégage.
谐音 乐 西爱了 色 德诶尬日
中文 天空转晴了。

(4) 坏天气

法文 Il ne fait pas beau aujourd'hui.
谐音 衣了 呢 夫艾 巴 波哦 欧入呵的鱼异
中文 今天天气不好。

法文 Quel temps de chien!
谐音 盖了 当 得 师一案
中文 多么糟糕的天气啊!

法文 Il fait mauvais, n'est-ce pas?
谐音 衣了 夫艾 猫外，奶斯 巴
中文 很糟糕的天气，难道不是吗?

法文 Le ciel est gris.
谐音 乐 西爱了 艾 哥合异
中文 天色阴沉。

法文 Le temps est nuageux.
谐音 乐 当 艾 女阿热
中文 天空多云。

法文 Il fait très froid.
谐音 衣了 夫艾 特咳 夫胡瓦
中文 天气很冷。

法文 Il gèle à pierre fendre.
谐音 衣了 日艾了 阿 皮艾呵 放的呵
中文 天寒地冻。

法文 J'ai froid /chaud.
谐音 日诶 夫胡瓦/受
中文 我很冷/热。

法文 Il fait très chaud.
谐音 衣了 夫艾 特咳 受
中文 天气很热。

法文 Il fait un soleil brûlant.
谐音 衣了 夫艾 安 搔赖耶 不合愚浪
中文 烈日当空。

法文 Quelle chaleur!
谐音 盖了 沙勒呵
中文 多热的天!

法文 Il fait sec/humide.
谐音 衣了 夫艾 塞克/愚密的
中文 天气干燥/潮湿。

（5）风雨雪天气

法文 Il y a du vent.
谐音 衣 里 呀 的愚 忘
中文 刮风了。

法文 Le vent souffle de plus en plus fort.
谐音 乐 忘 素夫了 得 普绿 脏 普绿 夫奥呵
中文 风越刮越大。

法文 Il souffle à 100 kilomètres à l'heure.
谐音 衣了 素夫了 阿 桑 哥一楼麦特呵 阿 乐呵
中文 风速达每小时100公里。

法文 Il n'y a plus de vent.
谐音 衣了 尼 亚 普绿 得 忘
中文 风停了。

法文 Je n'aime pas le temps venteux.
谐音 热 奈么 巴 乐 当 汪的
中文 我不喜欢刮风的天气。

法文 Il pleuvra peut-être.
谐音 衣了 普勒乌哈 波代特呵
中文 恐怕要下雨了。

法文 Il va pleuvoir.
谐音 衣了 娃 普勒乌哇呵
中文 要下雨了。

法文 Il commence à pleuvoir.
谐音 衣了 高芒斯 阿 普勒乌哇呵
中文 开始下雨了。

法文 Ce sera peut-être une averse.
谐音 色 色哈 波代特呵 愚 那外呵斯
中文 可能只是阵雨。

法文 Il pleut très fort.
谐音 衣了 普勒 特咳 夫奥呵
中文 雨下得很大。

法文 Il pleut toute la journée.
谐音 衣了 普勒 度特 拉 入呵内
中文 大雨整天下个不停。

法文 La pluie n'a pas l'air de s'arrêter.
谐音 拉 普绿意 那 巴 赖呵 得 撒嗨德诶
中文 这雨没完没了地下。

法文 Quel orage!
谐音 该 捞哈日
中文 好大的暴风雨!

法文 Il pleut à verse.
谐音 衣了 普勒 阿 外呵斯
中文 雨下得很大。

法文 J'espère qu'il ne pleuvra plus.
谐音 日艾斯拜呵 哥了 呢 普勒乌哈 普绿
中文 我希望不要再下雨了。

法文 J'espère que la pluie s'arrêtera demain.
谐音 日艾斯拜呵 哥 拉 普绿一 撒嗨特哈 的曼
中文 我希望明天雨停。

法文 Il va neiger.
谐音 衣了 娃 奈日诶
中文 要下雪了。

法文 Il neige.
谐音 衣了 奈日
中文 正下着雪。

法文 La neige est fondue.
谐音 拉 奈日 艾 丰的玉
中文 雪融化了。

法文 Il tombe une neige fine.

谐音 衣了 动波 与呢 奈日 夫异呢

中文 下小雪。

法文 Il tombe une neige épaisse.

谐音 衣了 动波 与呢 奈日 诶拜斯

中文 下大雪。

法文 Il tombe une neige humide.

谐音 衣了 动波 与呢 奈日 愚密的

中文 下雨雪。

法文 Il neige à gros flocons.

谐音 衣了 奈日 阿 哥后 夫捞共

中文 下鹅毛大雪。

相关词汇

法文	temps(n.m.)	climat(n.m.)
谐音	荡	克立骂
中文	天气	气候

法文	température(a.)	tropical, e(a.)
谐音	当贝哈的玉呵	特蒿逼嘎了
中文	温度	热带的

法文	tempéré, e(a.)	glacial,e(a.)
谐音	当杯嘿	哥拉丝一亚了
中文	温带的	寒带的

法文	polaire(a.)	Méditerranéen, nne(a.)
谐音	包赖呵	没滴呆哈内按，没滴呆哈内艾呢
中文	极地的，两级的	地中海的

法文	continental,e(a.)	océanique(a.)
谐音	工滴嚷大了	欧丝诶昂尼克
中文	大陆性的	海洋性的

法文	soleil(n.m.)	lune(n.f.)
谐音	搔赖耶	绿呢
中文	太阳	月亮

法文	étoile(n.f.)	nuage(n.m.)
谐音	诶独哇了	女亚日
中文	星星	云

法文	ciel(n.m.)	vent(n.m.)
谐音	丝一艾了	忘
中文	天空	风

法文	pluie(n.f.)	brouillard(n.m.)
谐音	普绿异	不乎亚呵
中文	雨	雾

法文	tonnerre(n.m.)	éclair(n.m.)
谐音	刀奈呵	诶克赖呵
中文	雷	闪电

法文	foudre(n.f.)	averse(n.f.)
谐音	副的呵	阿外呵斯
中文	雷电	暴雨

法文	tempête(n.f.)	neige(n.f.)
谐音	当拜特	奈日
中文	暴风雨	雪

法文	tempête de neige(n.f.)	tempête de sable(n.f.)
谐音	当拜特 德 奈日	当拜特 德 萨波了
中文	暴风雪	沙尘暴

法文	arc-en-ciel(n.m.)	chaud,e(a.)
谐音	阿呵 刚 丝一艾了	受,受的
中文	彩虹	热的

法文	froid,e(a.)	doux, -ce(a.)
谐音	夫哇,夫哇的	度,度斯
中文	冷的	温和的,温暖的

法文	sec, sèche(a.)	humide(a.)
谐音	赛克,赛士	淤密的
中文	干燥的	湿润的

法文	pluvieux,-se(a.)	nuageux,-se(a.)
谐音	普绿乌一月,普绿乌一月资	女亚热,女亚热资
中文	多雨的	多云的

法文	geler(v.)	pleuvoir(v.)
谐音	热累	普了乌哇呵
中文	结冰	下雨

日常话题篇

2 谈论时间

法文 Quelle heure est-il?
谐音 该 乐呵 艾 迪了
中文 现在几点?

法文 Il est huit heures.
谐音 衣 来 愚 的呵
中文 现在八点了。

法文 Tu as l'heure?
谐音 的愚 阿 乐呵
中文 你知道现在几点了吗?

法文 Excusez-moi, vous avez l'heure?
谐音 埃克斯哥愚 资诶 母瓦,乌 杂维 乐呵
中文 打扰一下,请问几点了?

法文 S'il vous plaît, quelle heure est-il?
谐音 丝一了 乌 扑赖,该 乐呵 艾 迪了
中文 请问现在几点了?

法文 Il est environ six heures du matin.
谐音 衣 来 当乌一轰 西 泽呵 的愚 妈但
中文 大约上午六点钟吧。

法文 Il est sept heures.
谐音 衣 来 塞 的呵
中文 七点钟。

法文 Il est presque dix heures du soir.
谐音 一赖 普嗨斯克 低 泽呵 的愚 苏瓦呵
中文 差不多晚上十点。

法文 Il est midi.
谐音 衣 来 咪地
中文 中午十二点。

法文 Il est minuit.
谐音 衣 来 咪女异
中文 午夜十二点。

法文 Il est six heures et demie.
谐音 衣 来 西 泽呵 诶 的密
中文 六点半了。

法文 Il est midi et demi.
谐音 衣 来 咪地 诶 的密
中文 中午十二点半了。

法文 Il est dix heures et quart.
谐音 衣 来 低 泽呵 诶 嘎呵
中文 十点一刻了。

法文 Il est midi moins le quart.
谐音 衣 来 咪地 母万 了 嘎呵
中文 差十五中午十二点。

法文 Il est sept heures cinq.
谐音 衣 来 塞 的呵 散克
中文 七点五分了。

法文 Il est midi moins dix.
谐音 衣 来 咪地 母安 地斯
中文 中午十二点差十分。

法文 Il est deux heures moins le quart.
谐音 衣 来 得 泽呵 母安 乐 嘎呵
中文 两点差一刻。（为避免在时间上出现差错，机场、车站和电台一般使用24小时制。）

法文 Le train pour Lyon partira à quinze heures dix.
谐音 乐 特汉 不呵 里用 巴呵低哈 阿 甘 泽呵 地斯
中文 开往里昂的火车15点10分出发。

法文 J'ai passé un quart d'heure / trois quarts d'heure / une demi-heure à lire.
谐音 日诶 巴斯诶 安 嘎呵 的呵/图哇 嘎呵 的呵/与 呢 的咪-饿呵 阿 利呵
中文 我看书看了一刻钟/三刻钟/半小时。

法文 C'est ouvert de quelle heure à quelle heure?
谐音 塞 督外呵 得 该 乐呵 阿 该 乐呵
中文 这儿几点到几点营业？

法文 De huit heures à dix-sept heures.
谐音 得 愚 的呵 阿 低-塞 的呵
中文 从八点到下午五点。

法文 Ce bistrot est ouvert 24 heures sur 24.
谐音 色 逼斯特后 艾 督外呵 万嘎特呵 饿呵 须呵 万嘎特呵
中文 这家小酒馆24小时营业。

法文 A quelle heure est-ce que tu te lèves le matin?
谐音 阿 该 乐呵 哀 斯 哥 的愚 得 赖乌 乐 妈但
中文 你早上都几点起床？

法文 Quand est-ce que tu t'es couché hier soir?
谐音 刚 哀 斯 哥 的愚 呆 姑师诶 耶呵 苏瓦呵
中文 昨天晚上你几点睡觉的？

法文 Désolé, je suis en retard.
谐音 德诶遭类，热 随 脏 喝大呵
中文 对不起，我迟到了。

日常话题篇

法文 Soyez à l'heure, s'il vous plaît.
谐音 苏瓦耶 阿 乐呵,丝一了 乌 扑赖
中文 请准时。

法文 Tu es en avance.
谐音 的愚 艾 脏 那忘斯
中文 你来早了。

法文 Ils sont partis ce matin de bonne heure.
谐音 衣了 松 巴呵低 色 妈丹 得 包 呢呵
中文 他们今天一大早就出发了。

法文 Tu es libre pendant week-end?
谐音 的愚 艾 利波呵 邦当 乌一 甘的
中文 你周末有时间吗?

法文 Excuse-moi, je n'ai pas le temps de déjeuner avec toi aujourd'hui.
谐音 埃克斯哥愚资 母瓦,热 内 巴 乐 当 得 德诶 热内 阿外克 读哇 欧入呵的鱼异
中文 对不起,我今天没有时间跟你一起吃午饭。

3 谈论日期

法文 Quelle date sommes-nous aujourd'hui?
谐音 盖了 大特 搔么-努 欧入呵的鱼一
中文 今天是几号?

法文 Nous sommes le premier.
谐音 努 搔么 勒 普呵迷页
中文 今天一号。

法文 Alors, quel mois est-ce aujourd'hui?
谐音 阿涝呵, 盖了 母瓦 哀 斯 欧入呵的玉一
中文 那么, 现在是几月份呢?

法文 C'est le mois de mars.
谐音 塞 勒 母瓦 德 骂呵斯
中文 是三月份。

法文 En quelle année sommes-nous?
谐音 昂 该 拉内 搔么 努
中文 是哪一年呢?

法文 Nous sommes en 2009.
谐音 努 搔么 脏 的 咪了 呢夫
中文 是二零零九年。

法文 Quelle est la date de la fête nationale de France?
谐音 该 来 拉 大特 德 拉 夫艾特 那肖那了 德 夫沉斯
中文 法国的国庆节是哪一天呢?

法文 C'est le quatorze juillet.
谐音 塞 勒 嘎到呵兹 日愚耶
中文 是七月十四号。

法文 Il prend huit jours de vacances.
谐音 衣了 普航 愚特 入呵 得 瓦杠斯
中文 他度假一周。

法文 Elle reviendra dans quinze jours.
谐音 艾了 呵乌一安的哈 当 甘资 入呵
中文 她两周以后回来。（按理说，一周7天，两周14天。但法国人却习惯把一周说成8天，把两周或半个月说成15天）

相关词汇

法文	seconde(n. f.)	minute(n. f.)
谐音	色共的	咪女特
中文	秒	分钟

法文	heure(n. f.)	matin(n.m.)
谐音	呃呵	妈旦
中文	小时	早上，上午

法文	midi(n.m.)	après-midi(n.m.)
谐音	咪地	阿扑-害咪地
中文	中午	下午

法文	soir(n.m.)	nuit(n. f.)
谐音	苏哇呵	女一
中文	傍晚	夜晚

法文	an(n. m.)/année(n. f.)	cette année(n. f.)
谐音	昂/阿内	塞 搭内
中文	年	今年

法文	l'année dernière(n. f.)	l'année prochaine(n. f.)
谐音	拉内 呆呵尼耶艾呵	拉内 扑蒿晒呢
中文	去年	明年

法文	mois(n.m.)	le mois dernier
谐音	木哇	勒 母瓦 呆呵尼页
中文	月	上个月

法文	ce mois	le mois prochain
谐音	色 母瓦	勒 木哇 扑蒿晒呢
中文	这个月	下个月

法文	le début du mois	la fin du mois
谐音	勒 德诶 波玉 的玉 母瓦	拉 饭 的玉 母瓦
中文	月初	月末

法文	jour /journée(n. f.)	aujourd'hui(n.m.)
谐音	入呵/入呵内	欧入呵的鱼异
中文	日子，天	今天

日常话题篇

法文	demain(n.m.)	hier(n.m.)
谐音	的曼	耶艾呵
中文	明天	昨天

法文	avant-hier(n.m.)	après-demain(n.m.)
谐音	阿忘及耶艾呵	阿扑害 的曼
中文	前天	后天

法文	semaine(n. f.)	la semaine dernière(n. f.)
谐音	色麦呢	拉 色麦呢 呆呵尼耶艾呵
中文	星期	上周

法文	cette semaine	la semaine prochaine
谐音	塞特 色麦呢	拉 色麦呢 扑蒿晒呢
中文	本周	下周

法文	lundi(n.m.)	mardi(n.m.)
谐音	兰地	妈呵地
中文	星期一	星期二

法文	mercredi(n.m.)	jeudi(n.m.)
谐音	麦呵克呵地	热地
中文	星期三	星期四

法文	vendredi(n.m.)	samedi(n.m.)
谐音	汪的呵地	撒么地
中文	星期五	星期六

法文	dimanche(n.m.)	date(n. f.)
谐音	滴芒士	大特
中文	星期天	日期

法文	le premier	le deux
谐音	勒 普呵咪页	勒 的
中文	一号	二号

法文	le trois	le quatre
谐音	勒 图哇	勒 嘎特呵
中文	三号	四号

法文	le cinq	le six
谐音	勒 散克	勒 丝一斯
中文	五号	六号

法文	le sept	le huit
谐音	勒 赛特	勒 玉特
中文	七号	八号

法文	le neuf	le dix
谐音	勒 呢夫	勒 地斯
中文	九号	十号

法文	le onze	le douze
谐音	勒 哦资	勒 度子
中文	十一号	十二号

法文	le treize	le quatorze
谐音	勒 特害资	勒 嘎到呵资
中文	十三号	十四号

法文	le quinze	le seize
谐音	勒 干资	勒 赛资
中文	十五号	十六号

日常话题篇

法文	le dix-sept	le dix-huit
谐音	勒 滴-赛特	勒 滴 具特
中文	十七号	十八号

法文	le dix-neuf	le vingt
谐音	勒 滴资-呢夫	勒 万
中文	十九号	二十号

法文	le vingt et un	le vingt-deux
谐音	勒 万 德诶 安	勒 万特-的
中文	二十一号	二十二号

法文	le vingt-trois	le vingt-quatre
谐音	勒 万特-图哇	勒 万特-嘎特呵
中文	二十三号	二十四号

法文	le vingt-cinq	le vingt-six
谐音	勒 万特-散克	勒 万特-丝一斯
中文	二十五号	二十六号

法文	le vingt-sept	le vingt-huit
谐音	勒 万特-赛特	勒 万-的玉特
中文	二十七号	二十八号

法文	le vingt-neuf	le trente
谐音	勒 万特-呢夫	勒 特夯特
中文	二十九号	三十号

法文	le trente et un
谐音	勒 特夯 德诶 安
中文	三十一号

4 谈论季节、月份

（1）谈论季节

法文 L'année a quatre saisons.
谐音 拉内 阿 嘎特呵 塞纵
中文 一年中有四个季节。

法文 Le printemps, l'été, l'automne et l'hiver.
谐音 乐 普酣当，雷德诶，搂刀呢 诶 里外呵
中文 它们分别是春、夏、秋、冬。

法文 Quelle est votre saison préférée?
谐音 该 来 乌奥特呵 塞宗 普黑飞嘿
中文 你最喜欢哪个季节？

法文 J'aime l'été.
谐音 日艾么 雷德诶
中文 我喜欢夏天。

法文 Il fait chaud en été, il fait froid en hiver.
谐音 衣了 夫艾 受 昂 内德诶，衣了 夫艾 夫胡瓦 昂 尼外呵
中文 夏天热，冬天冷。

法文 Il ne fait ni très chaud ni très froid au printemps et en automne.
谐音 衣了 呢 夫艾 尼 特咳 受 尼 特咳 夫胡瓦 欧 普酣当 诶 昂 欧到呢
中文 春秋既不太热又不太冷。

法文 Il fait froid en hiver à Paris?
谐音 衣了 夫艾 夫胡瓦 昂 尼外呵 阿 巴合一
中文 巴黎的冬天天气冷吗?

法文 Le printemps est une belle saison, les arbres reverdissent.
谐音 乐 普酣当 艾 的愚呢 拜了 塞纵,雷 匝呵波呵 喝外呵地斯
中文 春天是个美丽的季节,树木又变绿了。

法文 En été, il ne fait pas chaud, quelquefois, il y a des jours de pluie.
谐音 昂 内德诶,衣了 呢 夫艾 巴 受,该了哥夫哇,衣 里 亚 德诶 入呵 得 普绿异
中文 夏天不太热,有时会下几天雨。

法文 Il pleut souvent en automne à Paris.
谐音 衣了 普勒 苏忘 昂 欧刀呢 阿 巴合异
中文 秋天巴黎经常下雨。

法文 Dans ma région, les saisons ne sont pas très marquées.
谐音 当 妈 黑日一用，雷 塞宗 呢 松 巴 特咳 妈呵 哥诶
中文 在我的家乡，四季并不是那么分明。

法文 Il ne fait ni chaud ni froid en été à Cannes.
谐音 衣 了 呢 夫艾 尼 受 尼 夫胡瓦 昂 内德诶 阿 嘎呢
中文 嘎纳的夏天不冷也不热。

法文 C'est vraiment un climat agréable.
谐音 塞 乌咳芒 安 克利妈 阿哥黑亚波了
中文 这种气候真的很宜人。

法文 Au nord, l'hiver dure quatre ou cinq mois.
谐音 欧 闹呵，里外呵 的玉呵 嘎特呵 务 散克 母瓦
中文 北方的冬天要持续四五个月。

相关词汇

法文	saison(n.f.)	printemps(n.m.)
谐音	塞纵	普憨荡
中文	季节	春季

法文	été(n.m.)	automne(n.m.)
谐音	诶德诶	欧到呢
中文	夏季	秋季

法文	hiver(n.m.)
谐音	衣外呵
中文	冬季

（2）谈论月份

法文 Mais au sud, l'été dure plus longtemps.
谐音 麦 欧 续的，雷德诶 的玉呵 普绿 隆荡
中文 在南方，夏天要持续很久。

法文 Il y a douze mois dans l'année.
谐音 衣 里 亚 度资 母瓦 当 拉内
中文 一年当中有12个月份。

法文 Quel mois sommes-nous?
谐音 盖了 母瓦 掻么 努
中文 现在是几月份？

法文 Nous sommes en décembre.
谐音 努 掻么 昂 德诶丧波呵
中文 现在是十二月份。

法文 Quel est votre mois préféré?
谐音 该 来 乌奥特呵 母瓦 普黑飞嘿
中文 你最喜欢哪个月份？

法文 Mai, c'est mon mois préféré.
谐音 麦，塞 蒙 母瓦 普黑飞嘿
中文 五月是我最喜欢的月份。

法文 J'aime le mois de septembre, il fait moins chaud à Paris.

谐音 日艾么 勒 母瓦 德 塞波荡波呵，衣了 夫艾 木 安 受 阿 巴合异

中文 我喜欢九月份，巴黎的天气不那么热。

法文 Votre bébé est né quel mois?

谐音 乌奥特呵 贝贝 艾 内 盖了 母瓦

中文 你的宝宝是几月份出生的?

法文 Il est né le mois dernier, le mois d'avril, le mois de fleurs.

谐音 衣 来 内 勒 母瓦 呆呵尼页，勒 母瓦 搭乌合异了，勒 母瓦 德 夫乐呵

中文 就在上个月，四月份，花开的月份。

法文 J'ai beaucoup de travail ce mois-ci, nous ne pouvons pas faire le voyage ensemble.

谐音 日诶 波欧故 德 特哈哇耶 色 母瓦-系，努 呢 不翁 巴 夫艾呵 勒 乌瓦亚日 昂桑波了

中文 这个月我有很多工作，我们不能一起去旅游了。

法文 Ça va, le mois prochain? Tu pourrait prendre des congés payés.

谐音 撒 哇，勒 母瓦 扑蒿汕？的愚 不咳 普航的呵 德诶 工日诶 掰页

中文 那下个月怎么样？你可以带薪休假。

法文 Tu te souviens de la neige épaisse au mois de février l'année dernière?

谐音 的愚 德 苏乌一安 德 拉 奈日 诶拜斯 欧 母瓦 德 飞乌呵一页 拉内 呆呵尼页呵

中文 你还记得去年二月份的那场大雪吗?

法文 Bien sûr, j'ai été pris dans la neige pendant deux heure, ce n'était pas au mois de mars?

谐音 鼻燕 续呵,日诶 诶德诶 普合异 当 拉 奈日 邦当 的 仄呵, 色 内呆 巴 欧 母瓦 德 妈呵斯

中文 当然,我被大雪困了两个小时,那不是三月份吗?

法文 Il va finir ses études en France au mois de juin l'année prochaine.

谐音 衣了 哇 夫一逆呵 丝诶 资诶 的玉的 昂 夫夯斯 欧 母瓦 德 鱼安 拉内 普蒿晒呢

中文 明年六月他就能完成在法国的学业了。

法文 Alors il va revenir quel mois?

谐音 阿涝呵,衣了 哇 喝沃逆呵 盖了 母瓦

中文 那么他几月份能回国?

法文 Peut-être avant octobre l'année prochaine, pour chercher du travail.

谐音 波-戴特呵 阿王 奥克到波呵 拉内 普蒿晒呢, 不呵 筛呵师诶 的愚 特哈哇耶

中文 应该是明年十月份之前回来吧,找工作。

相关词汇

法文	janvier(n.m.)	février(n.m.)
谐音	让乌一页	非乌呵一页
中文	一月	二月

法文	mars(n.m.)	avril(n.m.)
谐音	骂呵斯	阿乌呵一了
中文	三月	四月

法文	mai(n.m.)	juin(n.m.)
谐音	麦	日愚安
中文	五月	六月

法文	juillet(n.m.)	août(n.m.)
谐音	日愚页	悟特
中文	七月	八月

法文	septembre(n.m.)	octobre(n.m.)
谐音	塞泼荡波呵	凹克到波呵
中文	九月	十月

法文	novembre(n.m.)	décembre(n.m.)
谐音	孬忘波呵	德诶桑波呵
中文	十一月	十二月

日常话题篇

5 谈论兴趣、爱好

法文 Marie, à quoi t'intéresses-tu?
谐音 妈呵一,阿 姑哇 丹德诶害斯-的玉
中文 玛丽,你都对什么感兴趣?

法文 Moi? À beaucoup de choses.
谐音 母瓦? 阿 波欧故 德 受子
中文 我? 我对很多东西感兴趣。

法文 Par exemple?
谐音 巴 害哥脏普了
中文 比如说?

法文 Je m'intéresse beaucoup à la musique, au cinéma, à la lecture, à la peinture, et bien sûr aux courses.
谐音 热 曼德诶害斯 波欧故 阿 拉 么玉 资一克,欧丝一内骂,阿 拉 来克的玉呵,阿 拉 班的玉呵,诶 鼻燕 续呵 欧 故呵斯
中文 我喜欢音乐、电影、阅读、绘画,当然还喜欢购物。

法文 Quel genre de musique préfères-tu?
谐音 盖了 让呵 德 么玉 资一克 普黑夫艾呵-的玉
中文 你喜欢什么类型的音乐?

法文 Je préfère la musique pop.
谐音 热 普黑夫艾呵 拉 么玉 资一克 炮普
中文 我更喜欢流行音乐。

法文 Moi aussi. Et je joue de la guitare, et toi?
谐音 母瓦 欧丝一。诶 热 入 德 拉 哥一大呵，诶 读哇
中文 我也是。我弹吉他，你呢？

法文 J'ai appris le piano il y a sept ans.
谐音 日诶 阿普呵一 勒 皮亚呢欧 衣 里 亚 塞 荡
中文 我学了七年钢琴了。

法文 Tu aimes le sport?
谐音 的鱼 艾么 勒 斯包呵
中文 你喜欢体育吗？

法文 Non, je n'aime pas le sport, et je ne fais jamais de sport.
谐音 弄，热 奈么 巴 了 斯包呵，诶 热 呢 夫艾 日 阿麦 德 斯报呵
中文 不，我不喜欢，我从不做运动。

法文 Ce n'est pas bon pour la santé!
谐音 色 奈 巴 崩 不呵 拉 桑德诶
中文 这可不利于健康。

日常话题篇

法文 Je vais au cinéma et au théâtre avec des amis, je joue de la guitare, je fais du sport, et j'aime bien faire des collections.

谐音 热 维 欧 丝一内麻 诶 欧 德诶阿特呵 阿外克 德诶 匹密,热 如 德 哥一大呵,热 夫艾 的愚 斯报呵,诶 日艾么 鼻燕 夫艾呵 德诶 高来克熊

中文 我和朋友一起去电影院、剧院,弹弹吉他、做做运动,我还很喜欢收藏。

法文 Tu danses aussi?

谐音 的愚 荡斯 欧丝一

中文 你也跳舞吗?

法文 Un peu, seulement pendant les fêtes.

谐音 安波,色了芒 邦当 雷 夫艾特

中文 很少,只是在过节或者其他什么的时候。

法文 Et ta collection, tu fais collection de quoi?

谐音 诶 搭 高来克熊,的愚 夫艾 高来克熊 德 姑哇

中文 还有你的收藏,你都收藏什么?

法文 Je fais collection de timbres et de pièces de monnaies de différents pays.

谐音 热 夫艾 高来克熊 旦波呵 诶 德 皮艾斯 德 猫奈 德 低飞沆 杯异

中文 我收藏邮票和各国的硬币。

法文 Ça c'est amusant! Tu collection fais depuis quand?

谐音 萨 赛 搭么愚葬! 的愚 高来克熊 夫艾 德普鱼 二 刚

中文 很有趣啊！你收藏多久了？

法文 Depuis presque cinq ans.

谐音 德普鱼一 普咳斯克 三 杠

中文 大约五年了吧。

法文 C'est pas mal! À quel genre de sports t'intéresses-tu?

谐音 塞 巴 骂了! 阿 盖了 让呵 德 斯报呵 丹德诶害斯-的玉

中文 真不错！你喜欢什么类型的体育运动呢？

法文 Je m'intéresse à tous les genres de sports. Mais, je me passionne pour le football.

谐音 热 曼德诶害斯 阿 度 雷 让呵 德 斯报呵。麦, 热 么 巴笑呢 不呵 勒 夫特波欧了

中文 我喜欢所有的体育运动。但是我对足球特别着迷。

法文 Tu joues au foot?

谐音 的愚 如 欧 夫特

中文 你踢足球吗？

日常话题篇

法文 Oui, je suis un membre de l'équipe de mon école.

谐音 乌一, 热 随 安 芒波呵 德 累哥一普 德 蒙 内 告了

中文 是的，我是我们校队的成员。

法文 Tu aimes aussi le cinéma?

谐音 的愚 艾么 欧丝一 勒 丝一内麻

中文 你也喜欢看电影?

法文 Oui, j'aime bien les films policiers.

谐音 乌一, 日艾么 鼻燕 雷 夫一了么 包立丝一页

中文 是啊，我很喜欢侦探片。

法文 Moi, je préfère les films de fiction.

谐音 母瓦, 热 普黑夫艾呵 雷 夫一了么 德 夫一克熊

中文 我，我更喜欢故事片。

法文 Tu aimes les films de terreur?

谐音 的愚 艾么 雷 夫一了么 德 呆呵贺

中文 你喜欢恐怖片吗?

法文 Non, non, pas du tout. Tu les aimes?

谐音 弄, 弄, 巴 的愚 度。的愚 雷 在么

中文 不，不，一点儿也不。你喜欢?

法文 Oui, j'adore les films de terreur américains.

谐音 乌一，日阿到呵 雷 夫一了么 德 呆呵贺 阿没呵一干

中文 是的，我很喜欢美国拍的恐怖片。

法文 J'aime aussi les films américains, mais je déteste la version doublée.

谐音 日艾么 欧丝一 雷 夫一了么 匝没呵一干，麦热 德诶带斯特 拉 歪呵熊 督不累

中文 我也喜欢美国电影，但是我讨厌那些配了音的翻译版。

法文 Je suis d'accord, je préfère la version originale avec des sous-titres.

谐音 热 随 搭告呵，热 普黑夫艾呵 拉 歪呵熊 凹呵一 日一那了 阿外克 德诶 苏-地特呵

中文 我很同意，我更愿意看原版配字幕的。

法文 Quel film aimes-tu le plus?

谐音 盖了 夫一了么 艾么-的愚 了 普绿斯

中文 你最喜欢哪部影片？

法文 ENTRE LES MURS . Tu l'as vu?

谐音 昂特呵 雷 么玉呵。的愚 拉 乌玉

中文 《围墙之间》。你看过吗？

法文 Oui, c'est un film excellent, et ce film a obtenu le grand prix du Festival de Cannes.

谐音 乌一，塞 丹 夫一了么 哀克塞浪，诶 色 夫一了么 阿 凹波的女 了 哥沉 普呵一 的愚 夫艾斯滴哇了 德 嘎呢

中文 没错，这是一部很出色的电影，而且这个影片还获得了戛纳电影节的大奖。

法文 Quel acteur aimes-tu?

谐音 该 拉克的呵 艾么-的玉

中文 你喜欢哪个演员？

法文 J'aime beaucoup Jean Reno!

谐音 日艾么 波欧故 让 呵呢欧

中文 我很喜欢让·雷诺！

法文 Moi aussi! Il est aussi réalisateur maintenant.

谐音 母瓦 欧丝一！衣 来 欧丝一 黑阿立匝的呵 曼特囊

中文 我也一样！他现在也是导演了。

6 谈论家庭

法文 Combien de personnes y a-t-il dans ta famille?
谐音 工鼻燕 德 掰呵臊呢 亚 迪 了 当 搭 发密耶
中文 你们家有多少人?

法文 Il y a cinq personnes dans ma famille.
谐音 衣 里 亚 散克 掰呵臊呢 当 妈 发密耶
中文 我们家有五口人。

法文 Cinq personnes? C'est une grande famille.
谐音 散克 掰呵臊呢? 塞 的愚呢 哥沆的 发密耶
中文 五口人? 这可算是一个大家庭了。

法文 Oui, il y a mes grands-parents, mes parents et moi. Trois générations.
谐音 乌一, 一力亚没 哥夯巴沆, 没 巴沆 诶 母瓦。图哇 日诶内哈熊
中文 是的, 没错。我的祖父母, 我的父母和我。一共三代人。

法文 As-tu des frères et sœurs?
谐音 阿-的愚 德诶 夫艾呵 诶 色呵
中文 你有兄弟姐妹吗?

法文 Non, je suis enfant unique.
谐音 弄，热 随 脏方 的愚尼克
中文 没有，我是独生子女。

法文 En Chine, y a-t-il beaucoup d'enfants uniques?
谐音 昂 师一呢，亚 地 了 波欧故 当方 资愚尼克
中文 在中国，是不是有很多独生子女？

法文 Oui, la plupart des enfants qui sont nés après les années quatre-vingts sont enfants uniques.
谐音 乌一，拉 普绿巴呵 德诶 脏方 哥异 松 内 阿 扑害 雷 匝内 嘎特呵万 松 当方 玉尼克
中文 是的，八十年代以后的孩子大多数都是独生子女。

法文 Et vous, combien êtes-vous dans ta famille?
谐音 诶 乌，工鼻燕 艾特-乌 当搭 发密耶
中文 你呢，你们家有多少人？

法文 Nous sommes quatre : mon père, ma mère, mon frère et moi.
谐音 努 搔么 嘎特呵：蒙 拜呵，妈 麦呵，蒙 夫害呵 诶 母瓦
中文 四口人：爸爸、妈妈、哥哥和我。

法文 Tu as un frère, tu as vraiment de la chance!
谐音 的愚 阿 安 夫害呵，的愚 阿 乌害芒 德 拉 上斯
中文 你还有一个哥哥，真是好运气！

法文 Oui, mon frère et moi, nous sommes vraiment intimes.

谐音 乌一,蒙 夫害呵 诶 母瓦,努 搔么 乌害芒 安地么

中文 是啊,我哥哥和我,我们真的很亲密。

法文 Quel âge a ton frère?

谐音 该 辣日 阿 东 夫害呵

中文 你哥哥多大了?

法文 Il a vingt ans.

谐音 衣 拉 万 荡

中文 他二十岁。

法文 Quoi? Il a aussi vingt ans? C'est impossible!

谐音 姑哇? 衣 拉 欧丝一 万 荡? 塞 丹包丝一不了

中文 什么? 他也二十岁? 不可能啊!

法文 Pourquoi pas? Nous sommes des jumaux!

谐音 不呵姑哇 巴? 努 搔么 德诶 日愚 么欧

中文 为什么不能呢? 我们是双胞胎啊!

法文 Vous êtes des jumaux! Oh, mon dieu! Je suis vraiment jaloux! Vous êtes dans la même université?

谐音 乌 在特 德诶 日愚 么欧! 哦, 蒙 迪月! 热 随 乌 害芒 日阿路! 乌 在特 当 拉 麦么 玉尼歪呵丝一 德诶

中文 你们是双胞胎! 哦,天啊! 我真的好嫉妒啊! 你们在一所大学吗?

法文 Non, il fait ses études à l'Université de Toulouse II.

谐音 弄，衣了 夫艾 丝诶 贼的玉的 阿 率尼歪呵丝一 德诶 德 督路兹 的

中文 不，他在图卢兹二大上学。

法文 Et tes grands-parents, ils n'habitent pas avec vous?

谐音 诶 德诶 哥夯巴沆，衣了 那必特 巴 匝外克 乌

中文 你的祖父母呢，他们不和你们住在一起吗？

法文 Non, ils habitent ailleurs.

谐音 弄，衣了 匝必特 搭月呵

中文 是的，他们住在别处。

法文 Où habitent-ils?

谐音 务 阿必特-地了

中文 他们住在哪里？

法文 Les parents de ma mère habitent près de chez nous à Paris, et les parents de mon père habitent à Lyon avec ma tante.

谐音 雷 巴沆 德 妈 麦呵 阿必特 普害 德 师诶 努 阿 巴呵一，诶 雷 巴沆 德 蒙 拜呵 阿必特 阿 离用 阿外克 妈 荡特

中文 我妈妈的父母住在巴黎，离我们家不远，我爸爸的父母在里昂和我姑姑一起住。

法文 Ta tante, elle a aussi deux enfants?
谐音 搭 荡特，哎 拉 欧丝一 德 匝方
中文 你的姑姑，她也有两个孩子吗？

法文 Non, elle est beaucoup plus jeune que mon père. Elle n'est pas encore mariée.
谐音 弄，艾 来 波欧故 普绿 热呢 哥 蒙 拜呵。艾了 奶 巴 脏告呵 妈呵一页
中文 不，她比我爸爸年轻很多。她还没有结婚呢。

法文 Quel âge a-t-elle?
谐音 该 辣日 阿 戴了
中文 她多大年纪了？

法文 Elle a trente-sept ans.
谐音 艾 拉 特沉特-赛 荡
中文 她三十七岁。

法文 Les Français se marient tard?
谐音 雷 夫夯赛 色 妈呵一 大呵
中文 法国人结婚晚吗？

法文 Oui, c'est ça. Et beaucoup de jeunes préfèrent être célibataires.
谐音 乌一，塞 萨。诶 波欧故 德 热呢 普黑夫艾呵 艾特呵 丝诶立巴戴呵
中文 是的，是这样的。并且很多年轻人更愿意单身。

地道法语 想说就说

法文 Et tous les couples ont au moins deux enfants?
谐音 诶 度 雷 故普了 宗 欧 木万 德 脏方
中文 那么所有的夫妇都至少有两个孩子吗?

法文 Non, beaucoup de jeunes couples français n'ont pas envie d'avoir des enfants.
谐音 弄, 波欧故 德 热呢 故普了 夫夯赛 弄 巴 脏 乌一 搭乌哇呵 德诶 脏放
中文 不是的,很多年轻的法国夫妇都不想要孩子。

法文 Il y a beaucoup de divorces?
谐音 衣 里 亚 波欧故 德 滴乌凹呵斯
中文 离婚的情况多吗?

法文 On dirait qu'il y en a de plus en plus.
谐音 哦 低害 哥一 立 阳 那 德 普绿 脏 普绿斯
中文 应该说越来越多了。

相关词汇

法文	parent(n.m.)	couple(n.m.)
谐音	巴沉	故扑了
中文	亲戚	夫妇

法文	enfant(n.m.)	arrière-grands-parents(n.m.pl.)
谐音	昂放	阿呵一页呵-哥夯-巴沉
中文	孩子	曾祖父母

法文	arrière-grand-père(n.m.)	arrière-grand-mère(n.f.)
谐音	阿呵一页呵-哥夯-拜呵	阿呵一页呵-哥夯-麦呵
中文	曾祖父	曾祖母

法文	grands-parents(n.m.pl.)	grand-père(n.m.)
谐音	哥夯-巴沉	哥夯-拜呵
中文	祖父母	祖父/外祖父

法文	grand-mère(n.f.)	parents(n.m.pl.)
谐音	哥夯-麦呵	巴沉
中文	祖母/外祖母	父母

法文	père(n.m.)	mère(n.f.)
谐音	拜呵	麦呵
中文	父亲	母亲

法文	oncle(n.m.)	tante(n.f.)
谐音	哦克了	荡特
中文	伯父/舅舅/叔叔/姑父/姨夫	伯母/舅妈/婶婶/姑妈/姨妈

法文	mari(n.m.)	fiancé(n.m.)
谐音	妈合异	夫一样丝诶
中文	丈夫	未婚夫

法文	femme(n.f.)	fiancée(n.f.)
谐音	发么	夫一样丝诶
中文	妻子	未婚妻

法文	frère(n.m.)	sœur(n.f.)
谐音	夫害呵	色呵
中文	兄弟	姐妹

日常话题篇

法文	cousin(n.m.)	cousine(n.f.)
谐音	姑赞	姑资一呢
中文	表/堂兄弟	表/堂姐妹

法文	beau-père(n.m.)	belle-mère(n.f.)
谐音	波欧-拜呵	拜了-麦呵
中文	公公/岳父	婆婆/岳母

法文	fils(n.m.)	fille(n.m.)
谐音	夫一斯	夫一耶
中文	儿子	女儿

法文	beau-fils(n.m.)	belle-fille(n.f.)
谐音	波欧-夫一斯	拜了-夫一耶
中文	女婿	儿媳

法文	petit-fils(n.m.)	petite-fille(n.f.)
谐音	波地-夫一斯	波地特-夫一耶
中文	孙子	孙女

法文	arrière-petit-fils(n.m.)	arrière-petite-fille(n.f.)
谐音	阿呵一页呵-波地-夫一斯	阿呵一页呵-波地特-夫一耶
中文	曾孙子	曾孙女

7 谈论工作

法文 Bonjour, monsieur, excusez-moi, nous sommes en train de faire une enquête sur le travail.

谐音 嘣入呵，么穴，艾克斯哥愚贼-母瓦，努 搔么 脏特汗 德 夫艾呵 愚 囊盖特 续呵 勒 特哈哇耶。

中文 您好，先生，打扰一下，我们在做一个关于工作情况的调查。

法文 Pourriez-vous répondre quelque à questions, s'il vous plaît?

谐音 不呵一 耶诶-乌 黑蹦的呵 阿 该了个 盖斯迥，丝一了 乌 扑赖

中文 您能回答我几个问题吗？

法文 Vous êtes enquêteur?

谐音 乌 在特 脏盖的呵

中文 您是调查员？

法文 Je suis étudiant, et je fais des enquêtes après les cours.

谐音 热 随 贼的愚迪样，诶 热 夫艾 德诶 脏盖特 阿扑害 雷 故呵

中文 我是学生，我课余时间做些调查。

法文 Bon, je vous écoute.

谐音 蹦，热 乌 贼故特

中文 好的。您问吧。

日常话题篇

法文 Quelle est votre profession?
谐音 该 来 乌奥特呵 普蒿夫艾熊
中文 您是做什么工作的?

法文 Je suis employé d'une compagnie.
谐音 热 随 脏扑卢哇页 的愚呢 工巴涅异
中文 我是一家公司的职员。

法文 Vous travaillez dans quelle compagnie?
谐音 乌 特哈哇页 当 盖了 工巴涅一
中文 您在哪家公司工作?

法文 Chez TOTAL.
谐音 师诶 到大了
中文 我在道达尔公司上班。

法文 Quel est votre poste?
谐音 该 来 乌奥特呵 报斯特
中文 您的职务是什么?

法文 Je suis responsable du service financier.
谐音 热 随 咳斯蹦萨波了 的愚 塞呵乌一斯 夫一囊丝一页
中文 我是财务部的负责人。

法文 Ça va.
谐音 撒 哇
中文 还不错。

法文 Combien d'heures travaillez-vous chaque jour?

谐音 工鼻燕 的呵 特哈哇耶-乌 沙克 入呵

中文 您每天工作多少小时?

法文 Sept ou huit heures par jour en moyenne. Et je ne travaille pas le samedi et le dimanche.

谐音 赛特 乌 愚 的呵 巴呵 入呵 昂 母瓦燕呢。诶 热 呢 特蛤哇耶 巴 勒 仁姆地 诶 勒 滴芒士

中文 平均每天七八个小时吧。我每个周六和周日不工作。

法文 Il y a des heures supplémentaires?

谐音 衣 里 亚 德诶 仄呵 须普累芒戴呵

中文 有加班吗?

法文 Quelquefois.

谐音 该了哥福哇

中文 有时候有。

法文 Et comment est le salaire?

谐音 诶 高芒 艾 勒 撒赖呵

中文 工资情况怎么样?

法文 Pourriez-vous me dire combien vous gagnez?

谐音 不呵一 耶诶-乌 么 地呵 工鼻燕 乌 嘎涅

中文 您能告诉我您的工资是多少吗?

日常话题篇

法文 Cinq mille euros environ par mois.

谐音 散克 密了 呃后 昂乌一轰 罢呵 母瓦

中文 好的，每月五千欧元左右吧。

法文 Vous êtes satisfait de votre salaire?

谐音 乌 在特 萨低斯夫艾 德 乌奥特呵 撒赖呵

中文 您对您的工资满意吗？

法文 Ça va, vous savez, pour le moment nous sommes en crise économique.

谐音 撒 哇，乌 撒为，不呵 勒 猫芒 努 搔么 昂 呵一兹 诶高孬密克

中文 还好吧，你知道，现在是经济危机。

法文 Et votre femme? Elle travaille?

谐音 诶 乌奥特呵 发么? 艾了 特哈哇耶

中文 您太太呢？她工作吗？

法文 Non, elle ne travaille pas, elle s'occupe du ménage et des enfants.

谐音 弄，艾了 呢 特哈哇耶 巴，艾了 搔 哥玉普 的 愚 没那日 诶 德诶 脏放

中文 不，她不工作，她负责家务和照顾孩子。

法文 Vos enfants vont à l'école?

谐音 乌欧 脏方 翁 搭 雷告了

中文 您的孩子们在上学吗？

法文 Mon petit fils va encore à l'école, et ma fille est vendeuse dans un magasin.

谐音 蒙 波地 夫一斯 哇 当告呵 阿 雷告了，诶 妈夫一耶 艾 汪的资 荡 赞 妈嘎赞

中文 我的小儿子还在上学，女儿是商场的售货员。

法文 Elle est contente de son travail?

谐音 艾 来 工荡特 德 松 特哈哇耶

中文 她对她的工作满意吗？

法文 Non, elle n'est pas très contente.

谐音 弄，艾了 奶 巴 特咳 工荡特

中文 不，她不是很满意。

法文 Pourquoi?

谐音 不呵姑哇

中文 为什么呢？

法文 Elle trouve son travail trop fatiguant, et la rémunération très faible.

谐音 艾了 特户乌 松 特哈哇耶 特后 发滴刚，诶 拉 黑么玉内哈熊 特咳 夫艾不了

中文 她觉得工作很累，报酬还太低。

法文 Elle compte changer de travail?

谐音 艾了 供特 上日诶 德 特哈哇耶

中文 她打算换工作吗？

法文 Oui, elle a envie de suivre des cours de commerce.
谐音 乌一，艾 拉 昂乌一 德 随乌呵 德诶 故呵 德 高麦呵斯
中文 是的，她想去上商务课。

法文 Quelle serait sa profession idéale?
谐音 盖了 色害 撒 普蒿夫艾熊 衣德诶阿了
中文 那么她的理想职业是什么呢?

法文 Elle veut ouvrir une boutique.
谐音 艾了 沃 乌乌喝一呵 愚呢 不地克
中文 她想自己开一家小店。

法文 Elle a envie d'être patronne elle-même?
谐音 艾 拉 昂乌一 戴特呵 巴特号呢 艾了-麦么
中文 她想自己当老板?

法文 Oui, je crois.
谐音 乌一，热 酷哇
中文 是的，我想是这样。

法文 C'est tout, merci monsieur.
谐音 赛 度，麦呵丝一 么穴
中文 好了，谢谢您先生。

相关词汇

法文	profession(n.f.)	poste(n.m.)
谐音	普蒿夫艾熊	报斯特
中文	职业	职位，岗位

法文	titre(n.m.)	professeur(n.m.)
谐音	地特呵	普蒿夫艾色呵
中文	职称	教师，教授

法文	élève(n.)	étudiant, -e(n.)
谐音	诶赖乌	诶的愚迪样，诶的愚迪样特
中文	学生，小学生	学生，大学生

法文	président de l'université(n.m.)	traducteur(n.m.)
谐音	扑黑及荡 德 率妮豆呵丝一 德矣	特哈的玉克的呵
中文	大学校长	翻译，译者

法文	interprète(n.)	guide(n.m.)
谐音	安呆呵扑害特	哥异的
中文	翻译（口译）	导游

法文	médecin(n.m.)	chirurgien, nne(n.)
谐音	没的散	师一呵旧呵撼，师一呵旧呵耶艾妮
中文	医生	外科医生

法文	médecin généraliste(n.m.)	infirmier, -ère(n.)
谐音	没的散 日诶内哈立斯特	安夫一呵迷页，安夫一呵迷页呵
中文	内科医生	护士

法文	marchand, -e(n.)	employé, -e(n.)
谐音	妈呵上，妈呵上的	昂扑卢哇页
中文	商人	雇员，职工

日常话题篇

法文	facteur(n.m.)	rédacteur, -trice(n.)
谐音	发克的呵	黑搭克的呵,黑搭克特呵一斯
中文	邮递员	编辑

法文	réalisateur, -trice(n.)	acteur, -trice(n.)
谐音	黑阿立匝呵,黑阿立匝特呵一斯	阿克的呵,阿克特呵一斯
中文	导演	演员

法文	chanteur, -euse(n.)	danseur, -euse(n.)
谐音	上的呵,上的资	当色呵,当色资
中文	歌唱家	舞蹈演员,舞者

法文	écrivain(n.m.)	comptable(n.m.)
谐音	诶克呵一万	工大不了
中文	作家	会计

法文	garde(n.m.)	sportif, -ve(n.)
谐音	嘎呵的	斯包呵地夫,斯包呵地乌
中文	保安	运动员

法文	entraîneur, -euse(n.)	vendeur, -euse(n.)
谐音	昂特咳呢呵,昂特咳呢资	汪的呵,汪的资
中文	教练员	售货员

法文	patron, -nne(n.)	PDG(n.m.)
谐音	巴特哄,巴特号呢	贝德诶 日诶
中文	老板	总经理

法文	ingénieur(n.m.)	technicien(n.m.)
谐音	安日诶虐呵	呆克妮丝一燕
中文	工程师	技术员

法文	peintre(n.m.)	paysan, -ne(n.)
谐音	半特呵	贝一葬,贝一哑呢
中文	画家	农民

法文	fermier, -ière(n.)	serveur, -euse(n.)
谐音	夫艾呵迷页,夫哎呵迷页呵	塞呵沃呵,塞呵沃资
中文	农场主	服务员

法文	couturier, -ière(n.)	réparateur, -trice(n.)
谐音	姑愚呵一页,姑愚呵一页呵	黑巴哈的呵,黑巴哈特呵一斯
中文	裁缝	修理工

法文	pilote(n.m.)	chef de bord(n.m.)
谐音	逼涝特	晒夫 德 报呵
中文	飞行员	机长

法文	hôtesse(n.)	cosmonaute(n.m.)
谐音	欧戴斯	高斯猫呢欧特
中文	空姐	宇航员

法文	capitaine(n.m.)	marin(n.m.)
谐音	嘎逼戴呢	妈汗
中文	船长	海员,水手

法文	chauffeur(n.m)	cuisinier, -ière(n.)
谐音	收夫呃呵	哥愚机尼页,姑玉机尼页呵
中文	司机	厨师

法文	secrétaire(n.)	agent de police(n.m.)
谐音	色可黑戴呵	阿让 德 包立斯
中文	秘书	警察

法文	agent de circulation(n.m.)	pompier, -ière(n.)
谐音	阿让 德 丝—呵哥愚拉熊	嘣皮页，嘣皮页呵
中文	交警	消防员

法文	entreprise	service(n.m.)
谐音	昂特呵普呵—资	塞呵乌—斯
中文	企业	部门

法文	relations humaines	communication
谐音	喝拉熊 局麦呢	高么鱼尼嘎熊
中文	人事部	公关部

法文	marketing	recherches
谐音	妈呵盖定	喝晒呵士
中文	市场部	研发部

五、固定句型篇

1 问答模板

1. 问路

))) 问 (((

法文 Où est l'hôpital, s'il vous plaît?

谐音 务 埃 喽逼大了,丝一了 乌 扑赖

中文 请问医院在哪儿?

))) 答 (((

法文 Il est là.

谐音 衣 来 辣

中文 在那儿。

可替换词汇

法文	la poste	la gare
谐音	拉 报斯特	拉 尬呵
中文	邮局	火车站

法文	la police	la banque
谐音	拉 包利斯	拉 棒克
中文	警察局	银行

法文	le supermarché	les cabinets
谐音	勒 须拜呵妈呵师诶	雷 嘎逼耐
中文	超市	卫生间

法文	le restaurant	le magasin
谐音	勒 嗨斯刀夯	勒 妈嘎赞
中文	饭店	商店

法文	l'aéroport	le marché
谐音	拉诶蒿报呵	勒 妈呵师诶
中文	飞机场	市场

法文	le cinema	la station-service
谐音	勒 希内骂	拉 斯搭熊 塞呵无异斯
中文	电影院	加油站

法文	le terrain de sport	le parc
谐音	勒 呆汉 德 斯报呵	勒 罢呵克
中文	运动场	公园

2. 问时间

))) 问 (((

法文 Quelle heure est-il?

谐音 该 乐呵 埃-地了

中文 几点了?

))) 答 (((

法文 Il est trois heures de l'a près-midi

谐音 衣 来 图瓦 仄呵 德 拉扑害 咪地

中文 下午三点。

(可替换词汇)

法文	midi	minuit
谐音	咪地	咪女异
中文	中午十二点	午夜十二点

法文	six heures et demie du matin	sept heures cinq du soir
谐音	西 仄呵 诶 得密 德玉 妈旦	塞 的呵 散克 德玉 苏哇呵
中文	上午六点半	晚上七点五分

法文	dix heures et quart	neuf heures moins le quart
谐音	低 仄呵 诶 尬呵	尼沃呵 朽 勒 嘎呵
中文	十点一刻	八点三刻

法文	midi moins dix	deux heures moins le quart
谐音	咪地 木万 地斯	德 仄呵 木万 勒 尬呵
中文	中午差十分十二点	差一刻两点

3. 问季节

))) 问 (((

法文 Quelle saison sommes-nous?

谐音 盖了 塞粽 搔么-努

中文 现在是什么季节?

))) 答 (((

法文 Nous sommes au printemps.

谐音 努 搔么 欧 普酣荡

中文 现在是春天。

可替换词汇

法文	en été	en automne
谐音	昂 内德诶	昂 呢欧到呢
中文	在夏天	在秋天

法文	en hiver
谐音	昂 尼外呵
中文	在冬天

4. 问月份

))) 问 (((

法文 Quel mois sommes-nous?

谐音 盖了 母瓦 搔么-努

中文 现在是几月份？

))) 答 (((

法文 Nous sommes en mars.

谐音 努 搔么 昂 骂呵斯

中文 现在是三月份。

注意：针对回答中的表示月份的单词可参见161页

5. 问姓名

))) 问 (((

法文 Quel est votre nom?

谐音 该 来 乌奥特呵 弄

中文 您叫什么名字？

))) 答 (((

法文 Mon nom est Paul.

谐音 猛 弄 埃 报了

中文 我叫保罗。

6. 问年龄

))) 问 (((

- **法文** Quel âge avez-vous?
- **谐音** 该 腊日 阿维-务
- **中文** 您多大了？

))) 答 (((

- **法文** J'ai vingt-trois ans.
- **谐音** 日诶 弯-图瓦 葬
- **中文** 我23岁。

注意：针对回答中的表示数字的单词可参见206页

7. 问国籍

))) 问 (((

- **法文** Quelle est votre nationalité?
- **谐音** 该 来 乌奥特呵 拿肖拿哩德诶
- **中文** 您的国籍是什么？

))) 答 (((

- **法文** Je suis chinoise.
- **谐音** 热 随 师—努瓦资
- **中文** 我的国籍是中国。

可替换词汇

法文	française	anglaise
谐音	夫夯塞资	昂哥赖资
中文	法国的	英国的

法文	américaine	russe
谐音	阿梅合一盖呢	合玉斯
中文	美国的	俄罗斯的

法文	allemande	belge
谐音	阿勒芒的	拜了日
中文	德国的	比利时的

法文	italienne	espagnole
谐音	一搭离爱呢	哀斯巴尿勒
中文	意大利的	西班牙的

法文	suisse	grec
谐音	遂斯	哥害克
中文	瑞士的	希腊的

法文	canadienne	coréenne
谐音	嘎那迪爱呢	高嘿爱呢
中文	加拿大的	韩国的

8. 问电话号码

))) 问 (((

法文 Quel est votre numéro de téléphone?

谐音 该 来 乌奥特呵 女梅后 德 德诶雷夫奥呢

中文 您的电话号码是多少？

))) 答 (((

法文 Mon numéro de téléphone est…

谐音 蒙 女梅后 德 德诶雷夫奥呢 挨……

中文 我的电话号码是……

注意：针对回答中的表示数字的单词可参见206页

9. 问家庭成员

))) 问 (((

法文 Combien êtes-vous dans votre famille?

谐音 工鼻燕 埃特-乌 当 乌奥特呵 发秘耶

中文 您家里有几口人？

))) 答 (((

法文 Nous sommes quatre dans ma famille, mon père, ma mère, mon frère et moi.

谐音 努 搔么 尕特呵 当 妈 发秘耶，蒙 拜呵，妈 麦呵，蒙 夫咳呵 诶 母瓦

中文 我家里有四口人，爸爸、妈妈、哥哥和我。

注意：针对回答中的表示家庭成员的单词可参见174页

10. 问职业

))) 问 (((

法文 Quelle est votre profession?

谐音 该 来 乌奥特呵 普蒿夫埃熊

中文 您的职业是什么？

))答((

法文 Je suis médecin.

谐音 热 随 梅的散

中文 我是一名医生。

注意：针对回答中的表示职业的单词可参见183页

11. 问健康状况

))问((

法文 Vous êtes en bonne santé?

谐音 乌 在特 昂 报呢 桑德诶

中文 您的健康状况怎么样？

))答((

法文 Je suis en bone/ mauvaise santé.

谐音 热 随赃 报呢/猫外资 桑德诶

中文 我的健康状况良好/不好。

12. 问兴趣爱好

))问((

法文 Qu'est-ce que vous aimez faire quand vous êtes libre?

谐音 该-斯 哥 乌 载妹 夫爱呵 刚 乌 在特 力波呵

中文 你业余时间喜欢做什么？

))答((

法文 J'aime écouter de la musique, et voir des films.

谐音 日诶么 诶姑德诶 德 拉 么玉 资异克，诶 乌瓦 呵 德诶 夫异了么

中文 我喜欢听音乐，看电影。

13. 问价格

))) 问 (((

法文 Ça coûte combien?

谐音 撒 固特 工鼻燕

中文 这值多少钱?

))) 答 (((

法文 Ça coûte cinq euros.

谐音 撒 固特 三 哥后

中文 这值五欧元。

注意：针对回答中的表示价钱的单词可参见206页

14. 问颜色

))) 问 (((

法文 Quelle est votre couleur préférée?

谐音 该 来 乌奥特呵 姑乐呵 普黑飞嘿

中文 您比较喜欢什么颜色?

))) 答 (((

法文 Je préfère le bleu.

谐音 热 普黑夫爱呵 了 不勒

中文 我比较喜欢蓝色。

注意：针对回答中的表示颜色的单词可参见210页

15. 问计划打算

))) 问 (((

法文 Qu'est-ce que vous allez faire pendant les vacances?

谐音 该-斯 哥 乌 匝雷 夫爱呵 帮当 雷 瓦杠斯

中文 假期你们打算做什么?

))) 答 (((

法文 Nous allons faire un voyage.

谐音 努 匝隆 夫爱呵 安 乌瓦亚日

中文 我们打算去旅游。

16. 问饮食

))) 问 (((

法文 Qu'est-ce que vous voulez prendre?

谐音 该-斯 哥 乌 乌雷 普夯的呵

中文 您想吃点儿什么?

))) 答 (((

法文 Je prends du poisson.

谐音 热 普夯 德玉 布瓦松

中文 我想吃些鱼肉。

注意：针对回答中的表示饮食的单词可参见215页

17. 问付款方式

))) 问 (((

法文 Comment réglez-vous?

谐音 高芒 黑格雷-务

中文 您想用那种付款方式?

答

法文 Je voudrais payer par carte bancaire.

谐音 热 乌的咳 掰耶 巴呵 嘎呵特 邦盖呵

中文 我想用银行卡支付钱。

可替换词汇

法文	par carte de crédit	par chèque
谐音	巴呵 嘎呵特 德 可黑地	巴呵 晒克
中文	用信用卡	用支票

2 常用句式

法文 Je m'appelle…
谐音 热 妈拜了……
中文 我的名字叫……

法文 J'ai … an(s)
谐音 日诶……昂
中文 我……岁了。

法文 Je viens de…
谐音 热 乌一燕 得……
中文 我来自……

法文 Je suis…
谐音 热 随……
中文 我是……

法文 Je fais…
谐音 热 夫艾……
中文 我做……

法文 Je vais…
谐音 热 维……
中文 我去……

固定句型篇

地道法语 想说就说

>法文 J'ai…
>谐音 日诶……
>中文 我有……

>法文 J'espère…
>谐音 日艾斯拜呵……
>中文 我希望……

>法文 Je pense…
>谐音 热 邦斯……
>中文 我想……

>法文 Je veux…
>谐音 热 沃……
>中文 我想要……

>法文 J'ai besoin de…
>谐音 日诶 波足万 的……
>中文 我需要……

>法文 Je trouve…
>谐音 热 特乎沃……
>中文 我觉得……

>法文 Je doute…
>谐音 热 度特……

中文 我怀疑……

法文 J'ai peur (de)…
谐音 日诶 波呵 （得）……
中文 我害怕……

法文 Je dois…
谐音 热 独哇……
中文 我必须……

法文 Je m'occupe de…
谐音 热 猫哥玉泼 得……
中文 我负责……

法文 Je téléphone à…
谐音 热 德诶累夫凹呢 阿……
中文 我给……打电话

法文 Dis-moi…
谐音 低 母瓦……
中文 告诉我……

法文 Passe-moi…
谐音 巴斯 母瓦……
中文 把……递给我。

固定句型篇

地道法语 想说就说

法文 Laisse-moi…
谐音 赖斯 母瓦……
中文 让我……

法文 Excuse-moi de…
谐音 艾克斯哥玉资-母瓦 得……
中文 原谅我……

法文 Je suis désolé de…
谐音 热 随 德诶遭累 德……
中文 我对……感到抱歉。

法文 Je regrette de…
谐音 热 呵个害特 得……
中文 我很遗憾……

法文 Je suis content de…
谐音 热 随 工荡 得……
中文 我对……很满意。

法文 Je te demande (de)…
谐音 热 的 的芒的 (得)……
中文 我要求你……

法文 Je vous remercie pour /de…
谐音 热 乌 呵麦呵丝一 不呵 / 得……

中文 我为了……谢谢您。

法文 Peux-tu... ?
谐音 波-德玉……
中文 你有……吗?

法文 Connais-tu...?
谐音 高奈 德玉……
中文 你认识……吗?

法文 As-tu vu...?
谐音 阿-德玉 乌玉……
中文 你见过……吗?

法文 Aimes-tu...?
谐音 艾么-德玉……
中文 你喜欢……吗?

法文 Tu as déjà...?
谐音 德玉 阿 德诶 日阿……
中文 你曾经……吗?

法文 Comment est ...?
谐音 高芒 艾……
中文 ……怎么样?

固定句型篇

法文 Combien de…
谐音 工鼻燕 的……
中文 多少……?

法文 Il faut…
谐音 一了 夫欧……
中文 应该……

法文 Il ne faut pas…
谐音 一了 呢 夫欧 巴……
中文 千万不要……

法文 Il vaut …
谐音 一了 乌欧……
中文 值得……

法文 Il est nécessaire de…
谐音 一 来 内塞赛呵 得……
中文 必须……

法文 Il fait…
谐音 一了 夫艾……
中文 天气……

六、附录

1.数字表达

法文	zéro	un / une
谐音	贼后	安/玉呢
中文	零	一

法文	deux	trois
谐音	的	图哇
中文	二	三

法文	quatre	cinq
谐音	嘎特呵	散克
中文	四	五

法文	six	sept
谐音	丝一斯	赛特
中文	六	七

法文	huit	neuf
谐音	玉特	呢夫
中文	八	九

法文	dix	onze
谐音	地斯	哦资
中文	十	十一

法文	douze	treize
谐音	度子	特害资
中文	十二	十三

法文	quatorze	quinze
谐音	嘎到呵资	干子
中文	十四	十五

法文	seize	dix-sept
谐音	赛资	低-赛特
中文	十六	十七

法文	dix-huit	dix-neuf
谐音	低-具特	低资呢夫
中文	十八	十九

法文	vingt	vingt et un / une
谐音	万	万德诶安 / 玉呢
中文	二十	二十一

法文	vingt-deux	vingt-neuf
谐音	万特-的	万特-呢夫
中文	二十二	二十九

法文	trente	trente et un /une
谐音	特夯特	特夯德诶安/玉呢
中文	三十	三十一

法文	trente-deux	quarante
谐音	特夯特-的	嘎夯特
中文	三十二	四十

法文	quarante et un/une	quarante-deux
谐音	嘎夯德诶安/玉呢	嘎夯特-的
中文	四十一	四十二

法文	cinquante	cinquante et un/une
谐音	三杠特	三刚德诶安/玉呢
中文	五十	五十一

附录

法文	cinquante-deux	soixante
谐音	三刚特-的	苏瓦桑特
中文	五十二	六十

法文	soixante et un/une	soixante-deux
谐音	苏瓦桑德诶安/玉呢	苏瓦桑特-的
中文	六十一	六十二

法文	soixante-dix	soixante et onze
谐音	苏瓦桑特-地斯	苏瓦桑德诶哦资
中文	七十	七十一

法文	soixante-douze	quatre-vingts
谐音	苏瓦桑特-度子	嘎特呵-万
中文	七十二	八十

法文	quatre-vingt-un	quatre-vingt-deux
谐音	嘎特呵-万-安	嘎特呵-万-的
中文	八十一	八十二

法文	quatre-vingt-dix	quatre-vingt-onze
谐音	嘎特呵-万-地斯	嘎特呵-万-哦资
中文	九十	九十一

法文	quatre-vingt-dix-neuf	cent
谐音	嘎特呵-万-低资-呢夫	桑
中文	九十九	一百

法文	cent un/une	deux cents
谐音	桑安/的玉呢	德桑
中文	一百零一	二百

法文	deux cent un/une	mille
谐音	德桑安/玉呢	密了
中文	二百零一	一千

法文	mille cinq cents	deux mille
谐音	密了 三克 桑	德 密了
中文	一千五	两千

法文	dix mille	cent mille
谐音	地斯 密了	桑 密了
中文	一万	十万

法文	un million	deux millions
谐音	安 咪离用	德 咪离用
中文	一百万	两百万

法文	un milliard	premier (-ière)
谐音	安 咪离亚呵	泼咪页 (-页呵)
中文	十亿	第一

法文	deuxième	troisième
谐音	德及耶艾么	图哇及耶艾么
中文	第二	第三

法文	quatrième	cinquième
谐音	嘎特呵一 耶艾么	三歌一 耶哎么
中文	第四	第五

法文	sixième	septième
谐音	丝一及耶艾么	塞及耶艾么
中文	第六	第七

附录

法文	huitième	neuvième
谐音	愚及耶艾么	呢乌一 耶艾么
中文	第八	第九

法文	dixième
谐音	滴及耶艾么
中文	第十

2. 颜色表达

法文	couleur(n.f.)	noir(a.& n.m.)
谐音	姑乐呵	奴哇呵
中文	颜色	黑色

法文	blanc,che(a.& n.m.)	rouge(a.& n.m.)
谐音	不浪，不浪士	户日
中文	白色	红色

法文	jaune(a.& n.m.)	orange(a.& n.m.)
谐音	肉呢	凹夯日
中文	黄色	桔红色

法文	bleu(a.& n.m.)	vert,e(a.& n.m.)
谐音	不乐	外呵，外呵特
中文	蓝色	绿色

法文	violette(a.& n.m.)	marron(a.& n.m.)
谐音	乌一妖赖特	妈哄
中文	紫色	栗色

法文	brun, e(a.& n.m.)	blond, e(a.& n.m.)
谐音	不汗，不合玉呢	不隆，不隆的
中文	棕色	金色

法文	gris,e(a.& n.m.)	rose(a.& n.m.)
谐音	哥呵一，哥呵一资	后资
中文	灰色	粉红色

法文	bleu-claire(a.& n.m.)	bleu-foncé(a.& n.m.)
谐音	不乐 克赖呵	不乐 丰丝诶
中文	浅蓝色	深蓝色

法文	grisonnant(a.& n.m.)	transparent(a.& n.m.)
谐音	哥呵一遭囊	特夯丝巴沉
中文	（头发）花白	透明的

3.动物表达

宠物及常见动物

法文	animal(n.m.)	chat, -tte(n.)
谐音	阿尼骂了	厦，厦特
中文	动物	猫

法文	chien, -nne(n.)	tortue(n. f.)
谐音	师一安，师一艾呢	刀呵的玉
中文	狗	乌龟

法文	serpent(n.m.)	oiseau(n.m.)
谐音	塞呵棒	乌哇奏
中文	蛇	鸟

法文	lapin(n.m.)	coq (n.m.) / poule (n.f.)
谐音	拉半	告克 / 不了
中文	兔子	鸡

法文	canard(n.m.)	oie(n.f.)
谐音	嘎那呵	乌哇
中文	鸭子	鹅

法文	taureau(n.m.) / vache(n.f.)	cheval(n.m.)/jument(n.f.)
谐音	都后 / 哇士	佘哇了/淤芒
中文	公牛 / 母牛	马

法文	cochon, ne(n.)	mouton(n.m.)
谐音	高师哦，高少呢	木洞
中文	猪	绵羊

法文	chèvre(n.m.)	âne, ânesse(n.)
谐音	晒乌呵	阿呢，阿奈斯
中文	山羊	驴

法文	souris(n. f.)	grenouille(n. f.)
谐音	苏呵一	哥呵怒耶
中文	老鼠	青蛙

野生动物

法文	animal sauvage(n.m.)	panda(n.m.)
谐音	阿尼骂了 搜哇日	邦大
中文	野生动物	熊猫

法文	éléphant(n.m.)	lion,-ne(n.m.)
谐音	诶雷放	离用，离要呢
中文	大象	狮子

法文	tigre(n.m.)	léopard(n.m.)
谐音	地哥呵	雷欧罢呵

中文	老虎	豹
法文	ours(n.m.)	loup(n.m.)
谐音	务呵斯	路
中文	熊	狼

法文	renard(n.m.)	singe(n.m.)
谐音	喝那呵	散日
中文	狐狸	猴子

法文	orang-outan(n.m.)	kangourou(n.m.)
谐音	凹夯 乌荡	刚姑户
中文	猩猩	袋鼠

法文	hippopotame(n.m.)	rhinocéros(n.m.)
谐音	衣包包大么	呵一夈丝诶号斯
中文	河马	犀牛

法文	paon(n.m.)	pingouin(n.m.)
谐音	棒	班姑万
中文	孔雀	企鹅

虫类

法文	insecte(n.m.)	ver(n.m.)
谐音	安赛克特	外呵
中文	昆虫	虫子，蠕虫

法文	papillon(n.m.)	abeille(n.)
谐音	巴皮用	阿拜耶
中文	蝴蝶	蜜蜂

附录

法文	moustique(n.m.)	fourmi(n.f.)
谐音	木斯地克	夫呵密
中文	蚊子	蚂蚁

法文	araignée(n.f.)	sauterelle(n.f.)
谐音	阿嗨聂	搜特害了
中文	蜘蛛	蝗虫

法文	cricri(n. m. inv.)	mante(n.f.)
谐音	克呵一克呵一	芒特
中文	蟋蟀	螳螂

法文	chenille(n.f.)	ver de terre(n.m.)
谐音	佘逆耶	外呵 德 戴呵
中文	毛毛虫	蚯蚓

4.植物表达

法文	plante(n. f.)	herbe(n. f.)
谐音	普浪特	艾呵波
中文	植物	草

法文	arbre(n.m.)	peuplier(n.m.)
谐音	阿呵波呵	波扑立页
中文	树	杨树

法文	saule(n.m.)	bouleau(n.m.)
谐音	搜了	不漏
中文	柳树	桦树

法文	mûrier(n.m.)	platane(n.m.)
谐音	么玉 呵一页	普拉大呢
中文	桑树	梧桐树

法文	pin(n.m.)	cyprès(n.m.)
谐音	半	丝一扑害
中文	松树	柏树

法文	palmier(n.m.)	fleur(n.f)
谐音	巴了迷页	夫乐呵
中文	棕榈	花

法文	rose(n.f.)	lilas(n.m.)
谐音	后子	里拉
中文	玫瑰	百合

法文	lotus(n.m.)	tournesol(n.m.)
谐音	捞的玉斯	督呵呢臊了
中文	荷花	向日葵

法文	tulipe(n. f.)	volubilis(n.m.)
谐音	的愚立普	乌凹率逼立斯
中文	郁金香	牵牛花

法文	mimosa(n.m.)	myosotis(n.m.)
谐音	咪猫匝	咪妖遭地斯
中文	含羞草	勿忘我

5.日常饮食表达

食物

法文	nourriture(n. f.)	hors-d'œuvre(n.m.)
谐音	奴呵一 的玉呵	奥呵-的乌呵
中文	食物	冷盘

法文	dessert(n.m.)	plat(n.m.)
谐音	德诶赛呵	扑拉
中文	饭后甜点	（一道）菜

法文	pain(n.m.)	riz(n.m.)
谐音	半	呵一
中文	面包	米饭

法文	nouilles(n.f.pl.)	fromage(n.m.)
谐音	怒耶	夫蒿骂日
中文	面条	奶酪

法文	beurre(n.m.)	soupe(n. f.)
谐音	簸呵	速普
中文	黄油	汤

法文	poisson(n.m.)	viande(n.f.)
谐音	不哇送	乌一样的
中文	鱼	肉

法文	veau(n.m.)	bœuf(n.m.)
谐音	乌欧	簸夫
中文	小牛肉	牛肉

法文	poulet(n.m.)	côte(n.f.)
谐音	不赖	够特
中文	鸡肉	肋骨

法文	entrecôte(n.f.)	bifteck(n.m.)
谐音	昂特呵够特	必夫戴克
中文	排骨肉	牛排

法文	frites(n.f.pl)	hamburger(n.m.)
谐音	夫呵一特	昂波呵个呵
中文	炸薯条	汉堡包

餐具

法文	couvert(n.m.)	couteau(n.m.)
谐音	姑外呵	姑豆
中文	餐具	刀

法文	fourchette(n. f.)	baguettes(n.f. pl.)
谐音	夫呵晒特	巴盖特
中文	叉子	筷子

法文	cuillère(n. f.)	assiette(n. f.)
谐音	哥玉页呵	阿丝一页特
中文	勺子	盘子

法文	verre(n.f.)	tasse(n.f.)
谐音	外呵	大斯
中文	杯子（玻璃杯）	杯子（带把的）

法文	carafe(n.f.)	nappe(n.f.)
谐音	嘎哈夫	那泼
中文	水瓶，大肚瓶	桌布

6.常见果蔬表达

法文	fruit(n.m.)	pomme(n.f.)
谐音	夫呵玉	报么
中文	水果	苹果

法文	poire(n.f.)	pêche(n.f.)
谐音	不哇呵	拜师
中文	梨	桃子

法文	banane(n. f.)	ananas(n.m.)
谐音	巴那呢	阿那那
中文	香蕉	菠萝

法文	melon d'eau(n.m.)	orange(n. f.)
谐音	么隆 豆	凹夯日
中文	西瓜	桔子

法文	cerise(n. f.)	prune(n. f.)
谐音	色呵一资	普呵玉呢
中文	樱桃	李子

法文	abricot(n.m.)	citron(n.m.)
谐音	阿不呵一够	丝一特哄
中文	杏儿	柠檬

法文	mangue(n.f.)	raisin(n.m.)
谐音	芒哥	嗨赞
中文	芒果	葡萄

法文	fraise(n.f.)	jujube(n.m.)
谐音	夫害资	日玉 日玉波
中文	草莓	大枣

法文	légume(n.f.)	chou
谐音	雷哥玉么	术
中文	蔬菜	白菜

法文	carotte(n. f.)	céleri(n. f.)
谐音	嘎号特	塞了合异
中文	胡萝卜	芹菜

法文	concombre(n.m.)	tomate(n. f.)
谐音	工共波呵	刀骂特
中文	黄瓜	西红柿

法文	champignon(n.m.)	fruit sec(n.m.)
谐音	商批涅用	夫呵玉 赛克
中文	蘑菇	干果

法文	cacahouète(n. f.)	noix(n. f.)
谐音	嘎嘎乌外特	奴哇
中文	花生	核桃

法文	amande(n.f.)	noisette(n.f.)
谐音	阿芒的	奴哇在特
中文	杏仁	榛子

7.人体组织表达

法文	tête(n.f.)	cheveu(n.m.)
谐音	戴特	佘沃
中文	头	头发

法文	visage(n.m.)	joue(n.f.)
谐音	乌一匝日	入
中文	脸庞	脸颊

法文	sourcil(n.m.)	cil(n.m.)
谐音	苏呵丝一了	丝一了
中文	眉毛	睫毛

法文	nez(n.m.)	bouche(n. f.)
谐音	内	不师
中文	鼻子	嘴

法文	dent(n.m.)	lèvre(n. f.)
谐音	荡	赖乌呵
中文	牙	嘴唇

法文	langue(n. f.)	menton(n.m.)
谐音	浪哥	芒洞
中文	舌头	下巴

法文	gorge(n.f.)	cou(n.m.)
谐音	告呵日	故
中文	喉咙	脖子

法文	dos(n.m.)	épaules(n.f. pl.)
谐音	豆	诶波欧了
中文	背	肩膀

法文	poitrine(n.f.)	reins(n.m. pl.)
谐音	不哇特合异呢	汗
中文	胸	腰部

法文	ventre(n.m.)	bras(n.m.)
谐音	忘特呵	不哈
中文	肚子	胳膊

法文	main(n. f.)	jambe(n.m.)
谐音	曼	让波
中文	手	腿

法文	genou(n.m.)	pied(n.m.)
谐音	热怒	皮页
中文	膝盖	脚

法文	cœur(n.m.)	poumon(n.m.)
谐音	个呵	不梦
中文	心，心脏	肺

法文	estomac(n.m.)	foie(n.m.)
谐音	哀斯刀骂	夫哇
中文	胃	肝脏

法文	rein(n.m.)	cerveau(n.m.)
谐音	汗	塞呵乌欧
中文	肾	大脑

法文	cervelet(n.m.)	sang(n.m.)
谐音	塞呵沃赖	丧
中文	小脑	血

法文	veine(n.f.)	nerf(n.m.)
谐音	外呢	奈呵夫
中文	血管	神经

8.体育运动表达

法文	sport(n.m.)	terrain de sport(n.m.)
谐音	斯报呵	呆汗 德 斯报呵
中文	运动	运动场

法文	palais des sports(n.m.)	course(n. f.)
谐音	巴赖 德诶 斯报呵	故呵斯
中文	体育馆	跑步

法文	gymnastique(n. f.)	natation(n. f.)
谐音	日一姆那斯地克	那搭熊
中文	体操	游泳

法文	patinage(n.m.)	patinage à roulettes(n.m.)
谐音	巴滴那日	巴滴那日 阿 乎赖特
中文	滑冰	旱冰

法文	ski(n.m.)	boxe(n.f.)
谐音	斯哥异	报克斯
中文	滑雪	拳击

法文	lutte(n.f.)	judo(n.m.)
谐音	率特	日愚豆
中文	摔跤	柔道

法文	taekwondo(n.m.)	cyclisme(n.m.)
谐音	戴克翁豆	丝一克立斯么
中文	拳跆道	自行车运动

法文	escalade d'une montagne(n.m.)	escalade des rochers(n.m.)
谐音	哀斯嘎辣的 的愚呢 蒙大涅	哀斯嘎辣的 德诶 蒿师诶
中文	登山	攀岩

法文	billard(n.m.)	football(n.m.)
谐音	逼亚啊	夫特-波欧了
中文	台球	足球

法文	basket-ball(n.m.)	volley-ball(n.m.)
谐音	巴斯盖特-波欧了	乌凹来-波欧了
中文	篮球	排球

法文	tennis de table(n.m.)	badminton(n.m.)
谐音	呆尼斯 德 大不了	巴的民到呢
中文	乒乓球	羽毛球

法文	tennis(n.m.)	soft-ball(n.m.)
谐音	戴尼斯	搔夫特-波欧了
中文	网球	垒球

法文	golf(n.m.)	rugby(n.m.)
谐音	告了夫	呵愚哥必
中文	高尔夫	橄榄球

9.音乐表达

法文	musique(n.f.)	musique classique(n.f.)
谐音	么玉 资异克	么玉 资异克 可拉丝一克
中文	音乐	古典音乐

法文	musique folklorique(n.f.)	musique pop(n.f.)
谐音	么玉 资异克 夫凹了克涝呵一克	么玉 资异克 泡泼
中文	民间音乐	流行音乐

法文	jazz(n.m.)	berceuse(n.f.)
谐音	乍资	掰呵色资
中文	爵士乐	摇篮曲

法文	chanson(n.f.)	opéra(n.m.)
谐音	商送	欧贝哈
中文	歌曲	歌剧

法文	portée(n. f.)	solo(n.m.)
谐音	包呵德诶	搔漏
中文	五线谱	独唱，独奏

法文	duo(n.m.)	instrument de musique(n.m.)
谐音	的鱼欧	安斯特呵玉芒 德 么玉 资异克
中文	二重唱	乐器

法文	piano(n.m.)	guitare(n.f.)
谐音	皮亚呢欧	哥一大呵
中文	钢琴	吉他

法文	pipa(n.m.)	flûte(n.f.)
谐音	逼罢	夫率特
中文	琵琶	笛子

法文	violon(n.m.)	violoncelle(n.m.)
谐音	乌一妖隆	乌一妖隆赛了
中文	小提琴	大提琴

法文	tambour(n.m.)	danse(n.f.)
谐音	当不呵	荡斯
中文	鼓	舞蹈

法文	ballet(n.m.)	danse à claquettes(n.f.)
谐音	巴赖	荡斯 阿 克拉盖特
中文	芭蕾舞	踢踏舞

法文	cha-cha-cha(n.m.)	disco(n.m.)
谐音	沙 沙 沙	迪斯够
中文	恰恰舞	迪斯科舞

10. 交通运输表达

法文	voiture(n.f.)	autobus(n.m.)
谐音	乌哇 的玉呵	欧刀波玉斯
中文	汽车	公共汽车

法文	taxi(n.m.)	trolley(n.m.)
谐音	搭克系	特蒿赖
中文	出租车	有轨电车

法文	autocar(n.m.)	métro(n.m.)
谐音	欧刀嘎呵	没特后
中文	长途汽车	地铁

法文	rue(n.f.)	route(n.f.)
谐音	呵玉	户特
中文	街	公路

法文	autoroute(n.f.)	trottoir(n.m.)
谐音	欧刀户特	特蒿独哇呵
中文	高速公路	人行道

法文	carrefour(n.m.)	parking(n.m.)
谐音	嘎呵副呵	巴呵哥英
中文	十字路口	停车场

法文	arrêt(n.m.)	terminus(n.m.)
谐音	阿害	呆呵咪女斯
中文	车站	终点站

法文	feux(n.m.)	heures de point(n.f.)
谐音	夫呃	呃呵 德 不万
中文	交通红绿灯	高峰期

附录

乘船

法文	bateau(n.m.)	bateau de plaisance(n.m.)
谐音	巴豆	巴豆 德 扑赖葬斯
中文	船	游艇

法文	bateau à voiles(n.m.)	paquebot(n.m.)
谐音	巴豆 阿 乌哇了	巴克波欧
中文	帆船	大型客轮，远洋客轮

法文	bateau mouche(n.m.)	yacht(n.m.)
谐音	巴豆 木师	要特
中文	（法国巴黎塞纳河上的）客轮	快艇

法文	port(n.m.)	mal de mer(n.m.)
谐音	报呵	骂了 德 麦呵
中文	港口	晕船

11.日常娱乐表达

娱乐场所

法文	parc(n.m.)	parc d'attraction et de loisirs(n.m.)
谐音	罢呵克	罢呵克 搭特哈克焦 诶 德 卢哇资异呵
中文	公园	游乐场

法文	cinéma(n.m.)	théâtre(n.m.)
谐音	丝一内骂	德诶阿特呵
中文	电影院	剧院

法文	concert(n.m.)	bar(n.m.)
谐音	工赛呵	罢呵
中文	音乐会	酒吧

法文	bal(n.m.)	salle de billard(n.f.)
谐音	罢了	萨了 德 逼辣呵
中文	舞厅	台球厅

法文	boîte de nuit(n.f.)	cybercafé(n.m.)
谐音	不哇特 德 女异	丝一拜呵嘎费
中文	夜总会	网吧

法文	café(n.m.)	salle de gymnastique(n.f.)
谐音	嘎费	萨了 德 日一姆那斯地克
中文	咖啡馆	健身房

游戏类别

法文	jeu(n.m.)	jeu vidéo(n.m.)
谐音	热	热 乌一 德诶欧
中文	游戏	电子游戏

法文	échecs(n.m. pl.)	échecs chinois(n.m. pl.)
谐音	诶晒克	诶晒克 师一奴哇
中文	国际象棋	中国象棋

法文	halma(n.m.)	go(n.m.)
谐音	阿了妈	日诶欧
中文	跳棋	围棋

法文	majong(n.m.)	cartes(n. f. pl.)
谐音	妈容	嘎呵特
中文	麻将	扑克

法文	pique(n.m.)	cœur(n.m.)
谐音	毕克	个呵
中文	黑桃	红桃

附录

法文	carreau(n.m.)	trèfle(n.m.)
谐音	嘎后	特害夫了
中文	方片	草花

12. 法国知名化妆品品牌中法对照

法文	LANCÔME	Christian Dior
中文	兰蔻	克里斯汀·迪奥

法文	CHANEL	YSL（Yves Saint Laurent）
中文	香奈儿	圣罗兰

法文	CLARINS	Biotherm
中文	娇韵诗	碧欧泉

法文	L'ORÉAL	Elizabetharden
中文	欧莱雅	伊丽莎白雅顿

法文	Estee Lauder	Clinique
中文	雅士兰黛	倩碧

法文	Guerlain	Gatineau
中文	娇兰	积姬仙奴

法文	Darphin	CAMENAE
中文	迪梵	家美乐

13. 法国四大药妆

法文	VICHY	URIAGE
中文	薇姿	依泉

法文	AVENE	La Roche-Posay
中文	雅漾	理肤泉

14. 法国主要节日

法定假日

法文 Nouvel an /Jour de l'année
谐音 奴外 浪/入呵 德 拉内
中文 元旦

法文 Fête du Travail
谐音 夫艾特 的愚 特哈哇耶
中文 劳动节

法文 Victoire des Alliés sur l'Allemagne nazie
谐音 乌一克独哇呵 德诶 匝立页 续呵 拉了骂涅 那资异
中文 二战胜利纪念日

法文 Fête nationale française
谐音 夫艾特 那肖那了 夫夯赛资
中文 法国国庆节

宗教节日

法文 Noël
谐音 孬艾了
中文 圣诞节

法文 Pâques
谐音 罢克
中文 复活节

法文 Ascension
谐音 阿桑熊
中文 耶稣升天节

法文 Pentecôte
谐音 邦特够特
中文 圣灵降临节

法文 Assomption
谐音 阿松泼熊
中文 圣母升天节

法文 La Toussaint
谐音 拉 督散
中文 万圣节

法文 Présentation du Seigneur
谐音 扑黑脏搭熊 的愚 赛虐呵
中文 献礼节

法文 Annonciation
谐音 阿弄丝一亚熊
中文 圣母瞻礼节

其他节日

法文 Chandeleur
谐音 商的乐呵
中文 圣蜡节

法文 Fête des amoureux
谐音 夫艾特 德诶 匝木贺
中文 情人节

法文 Mercredi des Cendres
谐音 麦呵克呵地 德诶 桑的呵
中文 圣灰节

法文 Jour du Souvenir des Déportés
谐音 入呵 的愚 苏沃尼呵 德诶 德诶包呵德诶
中文 流放纪念日

法文 Journée de l'Europe
谐音 入呵内 德 勒号泼
中文 欧洲日

法文 Fête des voisins
谐音 夫艾特 德诶 乌哇赞
中文 邻里节

法文 Fête des mères
谐音 夫艾特 德诶 麦呵
中文 母亲节

法文 Fête des pères
谐音 夫艾特 德诶 拜呵
中文 父亲节

法文 Fête de la Musique
谐音 夫艾特 德 拉 么玉 资异克
中文 音乐节

法文 Fête de la Saint Jean
谐音 夫艾特 德 拉 三 让
中文 圣让节

法文 Fête des familles
谐音 夫艾特 德诶 发密耶
中文 家庭节

法文 Fête des grands-pères
谐音 夫艾特 德诶 哥夯-拜呵
中文 祖父母节